# 反直觉投资

迈克尔·J. 莫布森（Michael J. Mauboussin）◎著

刘寅龙 ◎译

SPM
南方出版传媒
广东经济出版社

**图书在版编目(CIP)数据**

反直觉投资 / (美) 莫布森 著 ; 刘寅龙 译 . -- 广州 : 广东经济出版社 , 2015.5

ISBN 978-7-5454-4107-9

Ⅰ . ①反… Ⅱ . ①莫… ②刘… Ⅲ . ①投资经济学 Ⅳ . ① F830.59

**中国版本图书馆 CIP 数据核字(2015)第 123157 号**

版权登记号 图字 : 19-2007-042 号



| | |
|---|---|
| 出版发行 | 广东经济出版社 ( 广州市环市东路水荫路 11 号 11 ～ 12 楼 ) |
| 经销 | 广东新华发行集团 |
| 印刷 | 深圳市雅佳图印刷有限公司 |
| 开本 | 787 毫米 ×1092 毫米 1/16 |
| 印张 | 19 印张 |
| 字数 | 237 千 |
| 版次 | 2015 年 8 月第 1 版 |
| 印次 | 2018 年 6 月第 1 版第 2 次 |
| 书号 | ISBN 978-7-5454-4107-9 |
| 定价 | 48.00 元 |

如发现印装质量有问题，影响阅读，请与承印厂联系调换。

发行部地址 : 广州市水荫路 11 号 11 楼

电话 : (020)38306055 37601950 邮政编码 : 510075

邮购地址 : 广州市水荫路 11 号 11 楼直销部

电话 : (020)37601950 37601509 邮政编码 : 510075

图书网站 : **http://www.gebook.com**

广东经济出版社常年法律顾问 : 屠朝锋律师、刘红丽律师

# 权威推荐

More Than You Know

《商业周刊》(*Business Week*)

这是一本充满洞察力的火花，同时又引人入胜的著作。作者在书中为读者献上了一场智慧的盛宴……从感知科学到分形数学，作者从广范的学术领域提取出投资的洞察力……从风险和不确定性的区别，到个体决策和集体决策的差异；从赌博界的传奇人物普吉·皮尔逊，到现今高尔夫球第一人“老虎”伍兹；作者深入浅出地阐述了投资领域中一个个抽象的概念和道理。

《彭博财经》(*Bloomberg*)

这是一系列迷人的论文集锦。所有人都将惊叹于书中闪耀的智慧火花和“奥立佛·萨克斯”(杰出的神经科学家)般的智慧光芒。我将每年都重读此书，带着渴望的心情去品味那只有在本杰明·格雷厄姆的《聪明的投资者》才能找到的投资智慧。

《出版商周刊》(*Publishers Weekly*)

莫布森可不是一位普通人眼里的华尔街金融分析师……这是一本令人愉快的书……也能开阔你投资的视野。

SmartMoney.com

在他的新书中……莫布森撒开他的智慧之网，从黏液菌的生命活动到赛马，他从几乎所有能被运用到投资世界的领域里，咀嚼出一点一滴弥足珍贵的投资智慧……阅读他的著作，你就像置身于“股票市场指南”和“探索频道”的十字路口。

800-CEO-READ Blog

在过去的2年里，我们所读到的书籍中如《关键点》《魔鬼经济学》以及《世界是平的》都阐述了一个伟大的观点，即以不同的角度来看这个世界。如果你想仅读一本书便能获利所有这些书的乐趣，《反直觉投资》将是你最聪明的选择。

波顿 · G. 马尔基尔 (Burton G. Malkiel)

《漫步华尔街》(*A Random Walk Down Wall Street*) 作者

今天，讲述成功秘方或锦囊妙计的投资书籍几乎无处不在，而迈克尔 · J. 莫布森的《反直觉投资》却从全新的角度为我们诠释了投资的哲理，令我们耳目一新。在这本书中，莫布森居然让很多深奥复杂的概念变得通俗易懂，同时还把无数与投资貌似无关的活动与投资有机地联系起来。书中的小品文妙趣横生，但却充满了睿智，生动形象地告诉我们：从跨学科的思维方式可以深化我们对金融市场的认识。

菲利普 · 科根（Philip Coggan）

摘自《金融时报》(*Financial Times*)

作者展示了一个个无比生动，却又出人意料的例子，从蚂蚁的觅食模式，到扑克牌专家普吉 · 皮尔逊的出牌策略，到“老虎”伍兹的挥杆动作。所有读者都将从本书中获得刺激和兴趣。

比尔·米勒（Bill Miller）

雷格梅森资产管理公司首席执行官兼首席投资专家

很少有几本书能具有长久的生命力，更不用说让我们体验到大彻大悟的睿智了，《股票作手回忆录》《聪明的投资者》以及《金钱游戏》就是其中为数不多的范例。现在，你可以把《反直觉投资》这本书加入到这一行列之中。

针对如何认识投资，迈克尔·J. 莫布森为我们创作了一本可以说是前所未有的经典之作。他从精深的学术角度和职业投资者的角度，为我们认识投资提供了深邃的专业见解。要了解投资大师的理念，这本书绝对是你不可缺少的帮手。

史蒂文·平克（Steven Pinker）

哈佛大学心理学教授

《思维的运行和全新的开端》（*How the Mind Works and The Blank Slate*）作者

《反直觉投资》这本书以精辟的剖析概括了行为经济学领域以及经济选择中理性与非理性认知科学的最新发展成果。莫布森对于科学在投资、采购以及其他现实生活决策等问题的影响有着深刻的见解。对于任何一位对人类科学及其与金融界相关领域感兴趣的读者，本书都是一部不可多得的杰作。

克莱顿·克里斯坦森（Clayton Christensen）

哈佛商学院工商管理教授

畅销书《创新者的窘境》（*The Innovator's Dilemma*）作者

这本书在理念和意识上绝对令人叫绝，更重要的是它所具有的现实意义，毫无疑问，对于这样一本书，任何投资者和分析家都值得通读几遍。对于价值的创造，莫布森的认识是举世无双的。

杰弗里·韦斯特（Geoffrey West）

圣塔菲研究院院长兼名誉教授

迈克尔·J. 莫布森以独到的见解和精彩的例证，阐述了跨学科方式在投资决策方面所具有的巨大价值。

罗伯特·萨波斯基（Robert Sapolsky）

斯坦福大学神经生物学教授

莫布森在非传统领域找到了人类行为中最伟大的智慧，并以精彩的语言让它们跃然纸上。

爱德华·O. 威尔逊（Edward O.Wilson）

畅销书《融会贯通》（*Consilience*）作者

均衡全面的视角不可能源于孤立的学科研究，相反，它只能来自各学科之间的融会贯通。这种结合并非易事，但我认为这种结合又是不可避免的。它把真知从梦魇中唤醒，它激发了人性中最美好的一面。不同知识体系之间的鸿沟将因此而缩小，人类知识的多样性和深度也将因此而日新月异。

# 《彭博财经》访谈

More Than You Know

## 跨学科解决投资中的决策困境

哥伦比亚大学出版社（Columbia Uaiversity Press，以下简称 CUP）:《反直觉投资》所涉及的学科领域范围似乎已经远远超越了传统投资理论的界限。请问，这些非传统理念是否能在实践中有所建树呢？

迈克尔 · J. 莫布森（Michael J. Mauboussin，以下简称 MM）：本书的核心理念在于，跨学科方法是解决复杂问题的最佳途径，这当然也包括投资问题。但遗憾的是，我们的学识往往过于狭窄了。事实上，如果我们能在投资这个问题上做到融会贯通，集百家之长，自然会身受裨益。只要我们愿意展开联想的翅膀，任何一本书都会让我们有所启发，无论是科学、文学还是心理学，概莫能外。

这里就有一个立竿见影的例子。谈到压力问题的时候，罗伯特·萨波斯基教授曾经在《斑马为什么不得溃疡》（*Why Zebras Don't Get Ulcers*）一书中指出，大多数动物的压力来自生理上的威胁，但时至今日，我们人类的压力却几乎已经变成了纯粹的心理问题。因此，动物的压力会随着生理威胁的消逝而得到缓解。但挥之不去的心理问题却让我们难以摆脱压力的困扰。这种无法退却的压力影响着我们的能力和行为，当然也包括我们经营投资的方式。

CUP：它到底是一本只适用于投资者的专著，还是一本老少皆宜的普及型读物呢？

MM: 我的写作对象是投资者。也就是说，任何一个凭借理性去认识世界

和做出决策的人，都会发现这本书的价值和趣味。比如说，在看完“在特百惠家庭聚会上学投资”一节之后，我的妻子认识到，一旦你参加了特百惠的聚会，不买回一大堆废物绝对是一件比登天还难的事情。这本书探讨了六种促使人们不愿意拒绝的行为倾向，这也是罗伯特·西奥迪尼教授关注的问题。而特百惠正是利用了其中四种：互惠性、社会认同、投入意识和偏好，炮制了一种让我们无法抑制的购买欲。显然，了解强迫式购买的奥妙显然是物有超值的收获。

CUP：这本书有一章的内容全部是用来讨论心理学。心理学为什么在投资决策中有如此高的重要性呢?

MM：尽管心理学在股票市场中的作用是不言而喻的，但以前的商学院却很少涉及这一问题。从简化分析的角度出发，大多数金融模型都把投资者假设成理性人，并具有完整的信息。因此，对于自己的想法和决策，眼下你唯一需要关心的就是这些假设也许和现实风马牛不相及。本书不仅考虑到了个人的认知缺陷，或者说，你们经常犯的错误，而且还探讨了集体行为的高超之处，纵然是奇思怪想，恐怕也会让我们自叹弗如。

CUP：既然跨学科方法如此之重要，为什么投资者却不为所动呢?

MM：要掌握跨学科方法，不仅需大量的时间，也需要我们具备某种与生俱来的禀性。即便我们埋头苦学，耗用大量的时间钻研各个学科知识，这些知识也未必就能在我们的投资中学以致用，至少不太可能立竿见影。同样重要的还有态度和意愿，即我们是否真的用激情和动力，在诸多貌似不相干的主题寻找其中的必然性联系呢？但急功近利的频繁交易和铺天盖地的信息，已经让绝大多数投资者感到应接不暇了。

CUP：这本书一直在强调过程重于结果的概念。结果难道不是投资的根本目标吗?

MM：从长期看，结果当然是最重要的。结果毕竟是我们投资的最终目

的与衡量标准。但真正的问题是：我们怎样才能用最优的过程获取令人满意的长期结果呢？

投资就是一种概率游戏。在任何一个受制于概率的领域中，我们都必须清醒地认识到，即使最伟大的决策，也不一定能随心所欲，但某些一塌糊涂的决策，却有可能给我们带来意外的惊喜。这就像玩 21 点牌时你手里已经拿着 17 点一样，如果你想撞一下运气，就不妨再要一张，如果恰好是 4 点牌的话，你就必胜无疑。但运气不可能永远属于你，长此以往，输钱肯定是迟早的事。因此，以偏概全，以偶然的结果去代替全部，注定是不合情理的。

另一个有趣的现象是，在所有依靠概率的领域里，无论是赌徒、球队的教练还是赌马人，那些业绩骄人的精英都无一例外地习惯于从过程和结果这两个方面思考问题。因此，在这个一味沉迷于结果的现实社会中，强调过程的长期性意义自然也就不言自明了。

CUP：按照你的观点，你在了解市场的时候从不依赖那些投资专家，原因何在呢？

MM：市场价格代表着无数投资者信息的汇集。而投资者之间的相互作用则是其中的关键，它可以保证市场总能比任何一个外个体知道得更多。

我常提到蚁群的例子。只要研究一下，你就会发现它们超乎寻常的力量、适应性，还有它们颇具代表性的生命周期。事实上，蚁群本身就是一个几乎完美的组织。但单个的蚂蚁就不是那么回事了，它们只能依赖眼前的信息和联络。尽管所有蚂蚁都不知道整个蚁群在干什么，但蚂蚁之间的互动却让整个蚁群的运行有条不紊。我们永远不可能奢望一只会对自己的蚁群明察秋毫，同样，我们也不能指望任何一个投资专家比蚂蚁强多少。如果你想认识市场，还是去看一看市场本身吧。

CUP：行为金融学已经成为近年的热门话题，但你却对此谨慎有加，原因何在呢？

MM：在过去的几十年里，心理学家已经向我们验证了这样一个常识：

作为个体，我们在决策时候并不总是完美的理性人。由于很多经济模型都是建立在投资者的理性基础之上，因此，行为金融学似乎彻底颠覆了有效市场学派的理论根基。

在这里，问题的核心在于，市场从来就不是出于理性人之手，它反映了一个多样化群体的交互作用，而多样性则是获得精确结果的前提所在。研究表明，在多样性、互动和激励同时到位的情况下，市场解决问题的效率将是无与伦比的。

所以说，行为金融学的问题在于：有些信徒认为，如果个人采取次优化行为的话，市场的行为也必然是次优化的，或者说，是无效的。但有其一却未必就有其二。只要个人次优化的方式不同，换句话说，个体之间存在着多样化，我们一样能得到有效的结果。

CUP：你为什么总是慎用一些常见的指标，比如说市盈率，对企业或是个人进行评价呢？

MM：我对这个问题有一个非常不同寻常，而且总能让我们浮想联翩的答案：黏液菌。在食物充足的时候，黏液菌以个体形式而存在，表现为单细胞生物。但是在食物短缺的时候，这些细胞就汇聚为一个大的聚合体。因此，这个黏液菌到底是“它”还是“它们”完全取决于环境。

好的理论就是能在原因和结果之间建立起合理而可靠的联系。但是在更多的情况下，理论却只能依赖于系统的内在属性。比如说投资，你也许会觉得按低市盈率购买一家就是好事。但事实上，很多投资公司却是依据属性来决定自己的 对策。

然而，真正能站得住脚的理论只能服从于环境的要求。因此，低市盈率到底好不好，也只能依据具体环境而论。既然说通货膨胀预期和税率的波动性等价值的基本原动力是变化的，那么，我们市盈率是否合适的判断自然也要随之而动。

# 像“发现频道”一样有趣的股市真经

我们的祖先类人猿天生是逃避猎手、围攻猎物的高手，但却不是投资理财的天才。进化让它们身上的毛发越来越好(只不过不同物种有所差异而已)，但我们的生理倾向似乎依然如故：为战而战，不计代价，金钱似乎就是身外之物。在雷格梅森资产管理公司的首席投资战略专家迈克尔·莫布森看来，和CNBC的财经频道相比，生物进化的里程也许可以给我们的投资带来更多、更深邃的启发。

在他的新书《反直觉投资》中，莫布森向我们展示了他的博学多闻，更让我们看到，从黏液菌，到赌马，几乎任何一个领域的智慧都可以在投资世界里找到自己的身影。

长期以来，莫布森一直对以跨学科方式去认识投资这一观点笃信不已。也许正是出于这个原因，让他的书看上去既像是股市投资手册，又有点像“发现频道”的解说词。他在本书的引言中写道，“跨学科合作可以为我们认识企业和市场的运作机理提供最深刻的切入点。”

例如，莫布森在书中提到了神经学教授罗伯特·萨波斯基教授的著作《斑马为什么不得溃疡》。罗伯特在文中，从进化科学、心理学和脑化学角度出发对比了斑马和基金经理。他指出，预见力和市场控制力的丧失会给基金经理带来压力。就像一只面对觅食狮子的斑马，同样，基金经理也需要对迫在眉睫的危险做出决策，在这种情况下，他只能采取短期的行为，而不可能去考虑什么长期目标：像斑马那样，逃之夭夭。这就“有可能带来次优化的基

金管理决策”。至于莫布森针对学科之间的“融会贯通”，可以为投资者带来更多、更深刻的启示。

SmartMoney（以下简称 SM）：你能解释一下跨学科的投资思维方式吗？

迈克尔·J. 莫布森（从下简称 MM）：本书的真正精髓在于，要真正成为一个成功的投资者，或者说一个成功的商人，甚至是一个成功的人，重要的是不仅仅要了解自己所熟悉的领域，还要放眼大局，了解其他学科领域的最新进展，汲取精华。这可以拓宽你的视野，完善你的决策。如果你总是像周围人那样看一样的书，听一样的课，根本就不可能找到什么新的灵感。

SM：你在书中写道，如果所有投资者都定位于长期性投资，市场将会遭受一场“多样性崩溃”的灾难，并因此导致市场归于无效。你为什么这样说呢？

MM: 要形成一个有效的市场，我们首先需要三个条件：投资者的多样化、集合（形成一个市场）和激励（明显的经济回报，或是声望之类的其他回报）。而多样性又是其中最难以把握的方面，它可以表现为多种形式：技术面投资和基本面投资，增长型投资和价值型投资，长期和短期投资等。与此同时，多样性还是我们认识市场有效性的关键因素之一。当我们在市场上步调一致的时候，也就是市场归于无效的时候。

SM：当市场行为给投资者或基金经理带来压力的时候，到底会发生什么呢？

MM: 考虑到最近几周股市的火爆，现在讨论这个问题也许正是时候。在这个问题上，我的灵感来自于神经学家罗伯特·萨波斯基。他用动物世界的压力为我们阐述了这个问题。假如我们也是一只动物，比如说斑马，当猎食的狮子正在追近的时候，我们身上的压力机制也就启动了……只要逃避危险，我们就可以重新找会属于自己的一片宁静。但人就不一样了，我们的绝大部分压力并非来自身体，而是心理，即将到来的期限、手里的钱财或是人际关系，

常常会让我们难以承受。但这些东西也可以触发同样的生理反应。这并没有什么特殊之处，但其中的问题在于，一旦我们感受到这些压力的时候，就无法去摆脱它们，于是，我们的身体每天都会处于这种紧急状态之中。

面对压力，我们所能做出的反应之一就是投资的短期化。如果你是一只被狮子追赶的斑马，想下一周的事情又有什么意义呢？如果一个基金经理担心未来三天的股票涨跌，他就不可能去想以后三个月的事情，更不用说以后三年的事情了。这同样会导致多样性的缺失。在日常生活中，你肯定有办法解除压力。投资也一样，当你受迫于短期效应的时候，一定要意识到：这本身就是一个长期的过程，时间的推移，必然会让市场走出低谷。

SM：这是否能从部分上解释共同基金的转手率在过去 15 年内有增无减的原因呢？

MM：短期投资也是一种策略，比如说利用短期套利进行的投资。我并不反对这个。从本质上说，短期性策略也没有任何不对的地方。但是，假如你原本准备进行长期投资，但在事实上又进行着短线运作，这就有可能造成问题。说是一回事，做又是另外一回事了。为什么说短线策略会带来问题呢？大量有据可查的资料表明，基金交易越活跃，交易成本就越高。而这意味着股东的低回报。此外，如果你言称长线投资，实则短线运作，你周围的环境未免会出现过多的噪音，以至于让你自己都难辨真假。

SM：你认为，大多数投资理论存在的问题是什么呢？

MM：孤立地看待问题显然不足以帮助我们认识理论的进化过程。我们必须收集大量的数据，从中进行筛选，进行假设推理，检验分析，寻找其中的不规则之处。我在书中引用了克莱顿·克里斯坦森（Clayton M. Christensen）的观点，他认为，当我们习惯于某一事物的时候，就会不由自主地以属性去评判它们。事实上，大量的投资都是以属性为基础的。比如说，低市盈率的股票就是好股票，这几乎已经成了颠扑不破的真理。但真正科学的理论必须依赖于具体环境。换句话说，低市盈率在某些情况下是好事，换

一个环境也许就会变成坏事。关键的问题在于，不应该仅以属性去评判一切，还要考虑它们所处的环境。诸多因素促使我们的投资过分地依赖于属性——不过我是一个地地道道的价值投资者、一个增长型投资人。

# 《福布斯》访谈

More Than You Know

## 魔鬼？狐狸？投资智者？

迈克尔·J. 莫布森喜欢把自己说成是狐狸，而不是刺猬。当然，他的确是一个舞文弄墨的好手，但绝对不是浮夸炫耀之辈。希腊诗人阿基罗库斯曾经说过："狐狸知道很多事情，但刺猬却只知道一件最重要的事情"。对于雷格梅森资产管理公司的首席投资战略专家莫布森来说，这句话却蕴涵着一个颠扑不破的真理：投资者必须要读百家书，吃百家饭，而不能把自己园囿在某一个行业上，或是一味盯着所谓的投资战略。

毫无疑问，他一直在义无反顾地遵循着这一理念。在哥伦比亚大学出版社刚刚出版的新书《反直觉投资》中，他集百家之长，借助多学科的研究成果对投资进行了剖析。"关注金融投资之外的世界，可以让你像一个真正的生意人那样，做出更出色的决策"，莫布森认为，"这就要求我们多看多学，关注科学或是心理学的重大发展。"但回报肯定是你意想不到的，因为你会发现很多有价值的借鉴之处，这些收获绝对不是从报纸或是电视所能得到的。

这本趣味横生的书由多篇杂文构成。书中无处有洋溢着一种新奇但又不乏令人深思的论点。实际上，只要看一眼，你便会感到如获至宝。比如说第一章"孔雀鱼的爱情：模仿之于市场的作用"，莫布森向《福布斯》娓娓动听地讲述了孔雀鱼的爱情、黏液菌以及大多数共同基金何以不敌市场的根源。

*Forbes*：为什么有那么多的共同基金难以撼动市场呢？

迈克尔·J. 莫布森（以下简称 MM）：目前，共同基金和其他管理基金已

经成为市场的基本组成部分，从总体发展趋势看，它们的收益率迟早要趋同于市场的平均收益率。因此，在不考虑其他成本的情况下，我们可以认为，这些基金的平均趋势应该可以是市场的镜像反映。而其中最重要的差异就体现在成本上。成本又体现为两种形式：基本费用和交易成本。

*Forbes*：你在书中认为，共同基金的管理更多地是为了实现基金经理的收益最大化，而不是投资者的收益最大化。

MM：在这个问题上，我向引用查尔斯·艾利斯（Charles Ellis，作家兼投资战略家）的观点。他对投资的职业化和商业化进行了区分。专业化的目的在于为基金持有者创造优异的回报，因此，富于专业意识的基金经理倾向于长期持有基金，更具有耐心，更多地去思考，从而让投资更富于理性，也更有把握。

但商业化的目的则是在于为投资公司创造更多的收入和费用。创建一个健康而富有活力的企业当然不是坏事，但这支钟摆却有可能偏向于商业性而远离专业性理念，以至于让他们的身上充满了铜臭味

*Forbes*：为什么大家都要投资于一个在市场面前甘拜下风的基金呢？

MM：原因众多。其一，希望催生永恒。我们都愿意想当然地认为自己能实现找到那匹可以成为黑马的基金。其二，则是我所说的“近期”偏差。我们总是想投资于近期表现良好的股票。

直到最近，大家还在津津乐道如何投资新兴市场和商品基金，但5年前才是它们的真正好时光。而5年之前，每个人嘴里谈的都是科技和通讯，遗憾的是，我们又晚了5年。

*Forbes*：还是到一些不为我们所看好的非传统领域寻找投资的灵感吧。投资者可以从黏液菌身上学到什么东西呢？

MM：我第一次意识到这一点是因为Mitchel Resnick教授的《黏液菌、白蚁和交通阻塞》一书。他在书中谈到了黏液菌，以及多年以来黏液菌何以

让科学家们迷惑不解。在食物充足的时候，黏液菌以单细胞体形式存在，但是在食物短缺的时候，它们就会群居到一起，形成水滴状的聚合体。因此，黏液菌的存在形式完全取决于环境。这个故事对我们的启发在于，投资者应该正确启发环境与属性。例如，低市盈率就是一种属性。某些情况下，低市盈率是好事，但是在另一些情况下又有可能是坏事，重要的在于环境。那么，低市盈率在什么环境下是好事呢？

以往的平均市盈率是另一个说明环境与属性关系的事例。如果环境保持不变，市盈率的历史值自然是最有价值的参考依据。否则，你就是在拿苹果和橘子做比较了。

*Forbes*：孔雀鱼能给投资者带来什么启发呢？

MM：这个故事的真正含义是为了说明模仿。雌性孔雀鱼具有一种天然的择偶倾向，即选择那些色彩较为亮丽的雄性孔雀鱼。于是，科学家人为地创造一种氛围：让一些雌性孔雀鱼观察其他雌性孔雀鱼选择暗色调的伴侣。那么，这些充当开课看客的雌性孔雀鱼到底会追随本能取选择亮色配偶，还是会模仿其他同伴，也去选择那些呆板木讷的伴侣呢？

尽管市场中的模仿行为一向不被人们看好，但我们依然不得不承认模仿在日常生活中难以替代的重要性。事实上，我们人类一直在相互模仿，因为其他人身上总有比我们自己更好的东西，值得我们去效仿。然而到了市场中，如果每个人都相互模仿的话，就有可能会带来问题，因为他们忘记了自己最根本的目标，于是，过度的模仿在市场上泛滥蔓延。

# 目 录

More Than You Know

## 第二部分　投资心理学

# 前言

More Than You Know

## 让投资决策既准确又充满快感

酝酿《融会贯通的观察者》（*The Consilient Observer*）一文创意的那个时刻至今历历在目。当时是2000年夏季，岳父送给我一本《时代》杂志，其中有一篇介绍“老虎”伍兹重新调整挥杆动作的专栏文章。在阅读这篇文章的时候，“适应度图景”（Fitness Landscape）[①]这个词一直闪现在我的脑海之中。生物学家发明了“适应度图景”，帮助我们认识人类的进化过程。当然，你肯定会觉得这和高尔夫球相去十万八千里，但此时此刻我却想到，这些图景正是我们理解老虎改变挥杆工作的唯一途径。

于是，我决定撰写探讨此类关联性和投资方面的文章。孔雀鱼择偶对于我们认识股票市场的兴衰有什么启示呢？斑马和人类对不同事物的承受能力不同，但这与投资者又有何干系呢？特百惠家用塑料制品公司的女售货员总是让你把根本不需要的东西买回家，然而，这对股票选择过程来说又意味着什么呢？

---

① 开始时，你想象一个生态系统，在这个系统中，物种通过自然选择法自由地变迁、演化，它们只能以某种特殊的方式相互作用。青蛙总是想用其粘乎乎的舌头抓住苍蝇、狐狸总是在猎获野兔等。或者，你也可以把这个模型想象成一个经济体系，每一家公司都根据自己的自由意志进行内部组织和调整，但公司之间的关系却被各种合同和规定所限定。但共同进化的整个要义就在于，这些景观都不是独立存在的，而是互为条件的。对青蛙而言的好策略有赖于苍蝇的行为，反过来亦然。一个作用者的调整会导致所有其他作用者适应度图景的改变。你不得不想象青蛙向其策略空间的高峰攀登、苍蝇也向其策略空间的高峰攀登，但其景观会随着它们的攀登而变形。

本书由30篇短文构成，尽管每一篇的主题貌似各异，但本书还是从诸多侧面揭示出它们之间的内在联系。为了更好地反映现实，笔者还对这些文章的原稿多次进行了修改和更新。本书的主要读者应该是投资者，但我还是希望各行各业的读者都能从本书中有所启迪，有所收获。

尽管《反直觉投资》一书的主旨简单易懂，但是要付诸实践却并非易事：只要能以跨学科的角度看待问题，你就可以成为一名更出色、更完美的投资者、执行官、父母或是朋友，你的人生也将随之而改变，就如同你去装修翻新一套旧房子时是带着全套电动工具还是仅仅拿着一把螺丝刀一样，其结果将会产生天壤之别。毫无疑问，假如能为手边的每项工作准备好合适的工具，你自然会更成功，更有效率。

但是在真正的现实中，绝大多数人的知识面都是极为有限的。大多数职业更强调专业化，而学术研究之类的职业对专业化更是笃信不已。当然，时间也是一个不容忽视的制约因素，我们每天似乎都在奔波，把无数的时间用在接电话、收发邮件或是开会上，以至于根本没有时间去阅读、思考或是把玩一点“理念”上的东西。

一个关于器官名称的单词最终启发我创作了这些随笔。身边的很多人都曾经告诉我，他们多么喜欢随笔之类的短文，然后又话锋一转：在他们的字典里根本就没有“融会贯通”这个词（至少大多数人如此）。我在生物学家爱德华·O.威尔逊的一本专著中发现了“融会贯通”这个词，在我看来，没有哪个词能更如此贴切地表达这个含义。从字面上理解，“融会贯通”的含义就是把知识“融会”在一起。威尔逊认为，我们可以从根本上把多学科的知识融合起来，比如物理学、生物学、经济学以及艺术。事实上，也只有从多学科的角度去思考，我们才能认识事物的本原和机理。因此，《反直觉投资》提倡以建设性的眼光观察世界，让我们在现实的环境中不断完善认识世界的分析手段。

可以说，有两个特殊的原因促使我走上了这个旅程。首先是伯克希尔·哈撒韦公司的查理·芒格（Charlie Munger），他一贯主张把心智模式（Mental Models）运用于投资。其次是圣塔菲研究所（Santa Fe Institute，SFI），这家

位于新墨西哥州的研究机构一直致力于通过跨学科合作进行自然和社会科学领域的研究。

## 芒格因何主张把心智模式用于投资

查理·芒格在投资领域内的长期骄人业绩，无疑是这种融会式投资理念最有力的见证。对于芒格而言，一种心智模式就是一个工具——它是一个可以帮助我们认识现实问题的基本框架。他主张构建一个使现实问题与分析模型一一对应的网格，从而尽可能以最优的方式去解决问题。其中的根本思想在于，寻找最符合现实问题的心智模式，而并非像他所说的那样，削足适履，为了适应你的模型而去“篡改现实”。

某些性格特征确实有利于心智模式方法的发展。幸运的是，其中的绝大多数都是我们可以选择的，比如好奇心、正直、耐心以及自我批评的精神等。成功地解决问题不仅仅依赖于智商。正如芒格所言，伟大的自然学家查尔斯·达尔文之所以能提出改变乾坤的生物进化论，更多的是得益于他的工作方法，而不仅仅是纯粹的智商。另一方面。聪明人办傻事的例子同样不胜枚举，这些错误的决定常常体现了他们在灵活性方面的缺失，或是对心理因素认知的缺乏。

当然，心智模式方法也不是信手拈来、从天而降的。要掌握多个学科的精髓，显然需要我们付出大量的时间与精力。同样不可置疑的是，你所学到的东西也不可能马上做到立竿见影。事实上，也许会永无卓见成效之日。不过也不是没有好消息，平心而论，任何一个学科也只有那么几个需要你牢记在心的核心理念。

多年以来，芒格的思想和智慧令我受益匪浅，可以说，他的影响贯穿于本书的始末。最让我兴奋的是，彼得·考夫曼（Peter Kaufman）把芒格的背景和言论编撰成《穷查理的编年史》（*Poor Charlie's Almanack*）一书，这本精妙绝伦的作品为我们带来了很多有关心智模式方法的深邃见解。

圣塔菲研究所的创始者则是一群有着同样思想的科学家，他们坚信当今

世界需要一种全新类型的研究机构。这些在各自领域出类拔萃的科研人员意识到，大学校园是一种学术上的孤岛，而教授派则把大量的时间倾注在所谓的专业领域上，极少跨越学科的边界。这些创始人强烈地体会到，各个学科之间蕴藏着无限的科学沃土，于是，他们决心去开发和培育这片沃土。走在圣塔菲的园区里，你很有可能会看到物理学家、生物学家和经济学家，他们在共同感兴趣的问题上并肩协作，分享着各自领域的最新理念。

## 股市，其实是一个复杂适应性系统

在圣塔菲，团结与合作的主题充分体现在各种复杂系统的研究中。无论是物理学还是社会学，本性各异的诸多学科相互贯通、兼容并汇，催生出无数新的体系。比如人类意识学、免疫系统和生态学等。圣塔菲的科研人员很早就已经认识到这些新兴科学体系的基本特征，并揭示出各学科之间的异同。

在圣塔菲研究所推崇的所有理念中，对我影响最深刻的，莫过于把股票市场视为一个复杂的适应性系统。正是因为有了这样一个强大的心智模式，才促使我重新审视、甚至是质疑我曾自认为在金融领域所熟知的一切：委托代理机制的合理性，钟型的价格变动分布曲线，乃至风险收益的基本理论。我坚信，这个复杂的适应性系统分析框架不仅是一种更为直觉化的市场认知方法，而且与实证数据更为协调一致，体现出与现实之间的共鸣。

与此同时，圣塔菲也激发了我对更多问题的兴致和激情。这些充满灵感的火花闪烁在本书的每一篇论文之中，其中包括蚁群效应、能量法则、人类认知以及反馈机制的作用等。如果一定要我用言辞来描绘圣塔菲给我带来的启迪，我觉得最恰当的字眼莫过于“理性的陶醉”。

有关圣塔菲研究所的历史，你可以看一下米切尔·沃德罗普 (Mitchell Waldrop) 创作的《复杂》（*Complexity*）一书。这本于研究所创办 10 周年之际出版的书，充分概括了圣塔菲的研究理念。

最后，我还想就如何阅读本书赘述几句。它不同于那些令人激昂振奋的畅销书，无论是一页页地从前往后翻，还是别出心裁地从后向前看，你都不

会觉得在理解上有任何问题。但我还是建议你先简单浏览一下目录，找到你最感兴趣的文章，然后直奔主题。

本书内容涉及诸多领域，为了方便阅读，笔者把这些文章分为四大类，分别是：投资理念、投资心理学、创新与竞争战略以及科学与复杂性理论。如果我们把这些主题分门别类地放置在工具箱内的相应位置，可以说，每一个主题都针对着投资的不同层面。也就是说，每一篇论文均可独立成章。

《反直觉投资》运用了学术领域的众多高端研究成果，但考虑到本书的格式，不便对这些学术上的思想一一赘述。

我真诚地希望《反直觉投资》能为读者带来一些富有启发思想的快感：一个新的视角、一种冷静深邃的思想或是一条实现自我完善的捷径。当然，我更希望你能从这些只言片语之间找到你所期待的东西。

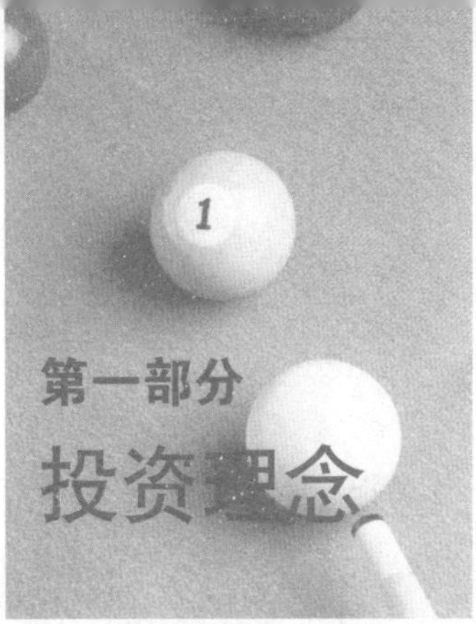

# 第一部分 投资理念

我记得有一天，就在我百无聊赖的时候，突然收到一封读者发来的电子邮件。虽然我很高兴，也非常感激这位读者，但也根本没多想什么，直到后来我突然注意到：他居然是在一个专为“交易者”开设的网站上看到了这篇文章。因为我一直在研究长期投资，因此，短线交易者对我的文章感兴趣，的确是一件难得一见的事情。

于是，我在 Google 上输入“融会贯通的观察者”（The Consilient Observer），看看能找到些什么。查询的结果更让我大吃一惊：我的一篇文章居然被一家赌博网站刊载于非常显要的位置上。尽管我也研究过赌博，自认为略知一二，而且也像大多数自命不凡的投资者一样，认为长期投资与大多数形式的赌博水火不相容。但此时此刻，我却突然意识到，所有这些领域都存在着一个共同的纽带，这就是投资理念。

投资理念的重要性在于它决定了你的决策方式。随心所欲的理念永远也不可能得到你期盼的长期回报。但是，即便有一个相当不错的投资理念，如果不能把它和严谨与耐心结合在一起，也未必能让你如愿以偿。一个好的投资理念就像是一份好的减肥食谱，只有时时铭记于心，同时你又能不懈地坚持，最终才能体现它的真正价值。

投资理念是一种禀性，而不是什么天分或是智商的问题。理想的禀性永远是智商和天才的克星。一旦你为自己构建起一个坚实的理念基石，其他需要你具备的东西，无非是勤奋、专注、耐心和历练。

好的投资理念总有某些共同之处，这也是本章所要揭示的奥妙。首先，在任何一个存在不确定性的领域中——无论是投资、赛马还是赌博，你都需要把注意力集中到决策过程上，而不是紧紧盯住短期的结果。强调这一点，说起来容易做起来难，因为结果是客观而易见的，而过程却往往是主观而不可量度的。但无论如何，一个由诸多理论构建起来的过程，无疑是走向长期成功的必经之路。

于是，我们就自然而然地把话题引到第二个主题：以长期观念看待问题的重要性。在一个依赖于概率的系统中，我们不可能仅仅凭借短期观察妄下结论，因为短期结果的变数太大了，如果你一定要这么做的话，未免过于草率。当然，这就会带来一个问题：当你意识到投资过程不尽合理的时候，恐怕为时已晚。因此，合理的投资决策过程必须建立在坚实的基础之上。

最后一个主题是关于把概率方式融入投资过程中的重要性。心理学告诉我们，在人的心理体系中，判断概率事件的模块经常会出现一些小问题。我们往往会想当然地认为自己掌握了某些根本就不存在的模式，但对无穷无尽的可能性结果却视而不见，或是把针对可能性做出的判断建立在他人提供信息的基础之上。合理的投资理念却可以帮助我们弥补这些过失，从而增加长期投资的成功几率。

最后一点，在过去的几十年里，物质回报正在一点点削弱投资理念的重要性，这无疑是一个令人悲哀的现实。尽管那些基金经理

用心良苦，废寝忘食，但他们更多地却只是在关心如何扩大资产规模，而不是为股东创造优良的业绩和真正的回报。于是，越来越多的基金经理不是由于战胜市场的优良业绩而是由于管理的资产规模庞大而获得丰厚的薪酬。

因此，我们不得不面对这样一个残酷的问题：明智的投资理念是否有助于指导你自己或是其他人帮助你打理自己的财富？如果答案是肯定的话，那当然太好了，如果是否定的话，你就需要去寻找一个真正明智的理念，然后毫不动摇地坚持下去。

让我们一起来展开一趟新的投资理念之旅吧！

第1章

# 赌博投机，还是股市投资？

## 关注结果，重视过程

就个别决策而言，即便是缺乏深思熟虑的决策也依然有可能成功，而那些再三思考的投资决策却有可能以失败而告终，因为失败的可能性在任何时候都是存在的。但随着时间的推移，更成熟的决策必将带来更出色的总体回报，更深刻、更成熟的投资决策注定会造就更出色的总体业绩，而这样的决策往往来自于对过程而不是结果的评价。

——罗伯特·鲁宾（Robert Rubin）
2001年在哈佛商学院开业典礼上的讲话

在任何时候，当你以己之长、在机遇最有利于自己时下赌，无论输赢与否，你已经有所收获；但是当你以己之短、在机遇最不利于自己时下赌，无论输赢与否，你已经有所损失。

——大卫·斯科兰斯基（David Sklansky）
《纸牌理论》（*The Theory of Poker*）作者

## 股价预期，其实与基本面无关

前道奇棒球队总经理迈克尔·刘易斯所著的畅销书《魔球》（*Moneyball*）中的主角保罗·迪波德斯塔 (Paul DePodesta)，向我们讲述了他在拉斯维加斯玩 21 点牌的故事：当时，有一个人坐在他右边，手里的牌已经是 17 点了，他继续要牌。在场的所有玩家都停下来，连庄家也半信半疑地问他是否真的还要牌。这个人点了一下头表示肯定，于是，庄家又给他发了一张牌，结果这张牌是 4 点。"这张牌要的不错。"不是不错，简直是太棒了。如果你为赌场工作的话，你当然希望每个人都像他这样孤注一掷地赌博。

这个故事让我们想到投资过程中最基本的一个概念：过程与结果。太多的投资者沉溺于结果，但却忽略了过程。在某种程度上，关注结果的做法是可以理解的。作为投资的盈利底线，结果毕竟是决定投资成功与否的最终标准。而且与针对过程的评价相比，结果往往更易于评判，也更为客观。

但投资者往往会想当然地认为，好结果就是好过程的产物，而坏结果就是坏过程的结局。相比之下，在任何一个存在不确定性的领域中，比如投资、管理球队或是赌马，最优秀的长期成功者都会更重视过程，而不是结果。

杰伊·拉索（Jay Russo）和保罗·舒梅克尔（Paul Schoemaker）通过一个简单的2阶矩阵，为我们揭示了结果与过程之间的对应关系（见表1.1）。他们认为，由于不确定性因素的存在，可能会导致某些好的决策产生不好的结果，而糟糕的决策在某些时候下却有可能带来理想的结局。如前面讲的那位玩家手里已经有17点了还冒险要牌、却大赢一把一样。但是从长期来看，最终还是过程决定结果。这也是赌场总会成为最后大赢家的原因所在。

表1.1　过程与结果

| 决策所采用的过程 | | 结果 | |
|---|---|---|---|
| | | 好 | 坏 |
| | 好 | 理所应当的成功 | 糟糕的运气 |
| | 坏 | 意外的惊喜 | 再公平不过的事情 |

资料来源：杰伊·拉索和保罗·舒梅克尔，《决策制胜》（*Winning Decisions*），第5页，经作者允许引用。

重视投资过程的目的是显而易见的：认识一家公司股票现在价格与未来期望值之间的差距。而期望值则是所有可能性结果的加权平均值，具体表现为某个结果值（即股票价格）与实现该结果的概率之间的乘积。

在投资业务中，唯一可以称得上是严重错误的，莫过于把对公司基本面的认识和市场价格隐含的价值预期混为一谈。两个来自完全不同的领域、却有着同样成就的投资界传奇人物——迈克尔·斯坦哈特（Michael Steinhardt）[①]和《每日赛马》（*Daily Racing Form*）出版商斯

① 迈克尔·斯坦哈特是与索罗斯同时代的投资界传奇人物，在索罗斯建立了最大的一家对冲基金公司后不久，迈克尔·斯特哈特也建立了一家著名的对冲基金公司。1995年，他厌倦了市场买空卖空，决定全身而退。

蒂芬·克里斯特（Steven Crist），在这个问题上的观点有着惊人的相似之处：

> 我认为，所谓不同的看法，也就是采取一种有充分根据却不同于市场共识的观点……尽管认识市场预期和认识企业基本面的情况同样重要，但两者之前往往相去甚远。
>
> 赌马的关键并不在于哪匹马最有可能获胜，而是哪匹马或者说哪些马会出人意料地获胜……这听起来似乎浅显易懂：因为很多赌马人可能都会认为，自己就是按照这个原则赌马的，但实际上却很少有人能真正这样做。按照这个思维模式，除了出人意料获胜的可能性之外，其他一切都无关紧要。在赌马中，根本就不存在“看好”哪匹马会获胜这种事情，重要的是这匹马获胜的概率与赌注之间的差距，是否值得你赌上一把。

一个深思熟虑的投资过程不仅需要兼顾概率和回报，还要认真考虑股价所揭示的市场共识在什么情况下有可能是错误的。尽管很多重要特征使投资不同于赌博或是赌马，但它们的基本理念却是一致的：你应该使自己的预期回报值是盈利而不是亏损。

## 美国财长的良心建言

在很多知名大学的开学典礼演讲上，美国前财政部长罗伯特·鲁宾曾经一再向学生们提及决策的四项基本原则。而这些决策原则对于金融投资行业尤为重要。

唯一可以确定的事情就是根本不存在所谓的确定性。这个原则对

投资界来说绝对是再现实不过的真理了。投资本身就是应对无穷无尽的不确定性。相对而言，赌博业则是与风险博弈。面对巨大的不确定性和风险，结果自然也就不可预知了。对于不确定性而言，结果的分布是无法确定的，对于风险而言，结果的分布我们是清楚的。毫无疑问，企业经营业绩的波动注定是不确定的，而轮盘赌则是有风险的。

在这个问题上，存在着一个过分自信的行为问题。研究表明，人们经常过分地相信自己的能力和预测。因此，他们必然倾向于把预测结果的变动限定在过分狭小的范围内。在过去的 75 年里，美国经历了一场经济大萧条、多次战争、一次能源危机和一次重大恐怖袭击。但人们事前却根本没有预料到这些灾难。投资者必须不断地去磨练自己，让自己在更广阔的视野中充分考虑结果的分布规律。而最有效的办法之一，就是关注那些能反映“不可避免的意外事件”（Inevitable Surprises）的主要指标。

认识不确定性对于资金管理同样是至关重要的。不计其数的对冲基金最终血本无归，无非是因为他们把大量资金投入到一项过分自信的投资之中。因此，在进行资金配置的时候，投资组合的管理者必须考虑预料外事件带来的后果。

决策就是一个权衡几率的过程。我们姑且拓展一下鲁宾的观点：决策就是按照结果的报酬额（幅度）对结果的出现概率（频率）进行权衡的过程。当报酬被曲解的时候，概率本身也就不足以说明任何问题了。

我们首先从行为金融学中的一个基本概念出发：损失厌恶（Loss Aversion）。从进化论角度看，人类在对诸多风险性结果进行选择时，对损失必然存在着厌恶感。更具体地说，损失造成的影响程度是等幅收益的 2.5 倍。因此，我们当然希望能做出正确的选择，寻求最可能出现的结果。

对于均匀分布的结果，关注概率是理所当然的，但是当报酬已经被曲解的时候，不假思索地去关注概率也就没有什么实际意义了。假如说，目前约 90% 的期权都是亏损的，那么，这是否就意味着你不应该持有期权呢？

事实上，真正的问题在于：你投入到 10% 盈利期权上的资金能赚多少钱。如果按 1 美元的价格购买 10 份期权，其中的 9 份期权在到期后分文不值，而第 10 份期权却会上涨到 25 美元，在这种情况下你大赚一笔的可能性自然也就大大增加了。

因此，从期望值角度看，有些大概率事件未必有什么吸引力，相反，有些小概率事件反而很有吸引力。比如说，股票价格实现预期收益上涨 1% 目标的概率为 75%，但公司未能实现业绩预测而下跌 10% 的可能性却是 25%，因此，我们就可以认为，尽管该股票盈利的可能性很大，但期望值却是负的。

尽管存在不确定性，但我们还是要迎难而上。鲁宾认为，绝大多数决策所依赖的信息是不完整、不完善的。但是，我们还是要在对现有信息进行理性评估的基础上进行决策。

杰伊·拉索和保罗·舒梅克尔指出，人们总是习惯性认为自己掌握的信息越多，就越有可能认识未来，把握未来，也就越有可能完善自己的决策。但是在现实生活中，过多的信息量往往会让我们的决策过程变得更加混乱不清。

研究人员对赌马进行的研究就可以生动地说明这一点。他们首先让参加赌马的人根据 5 条信息对比赛结果进行预测。之后，研究人员又让他们根据 10 条、20 条和 40 条信息，分别对参加比赛的每一匹马进行预测。图 1.1 是预测的结果：尽管随着信息量的增加，预测人的预测准确性并没有得到什么改进，但他们对预测能力的自信度却出现了明显上升。

判断决策的质量不能只依赖于结果，还要考虑决策的过程。合理的决策过程首先要求我们根据市场价格和期望值的比较进行决策。投资者可以通过有效的反馈和持之以恒的学习不断完善这个过程。

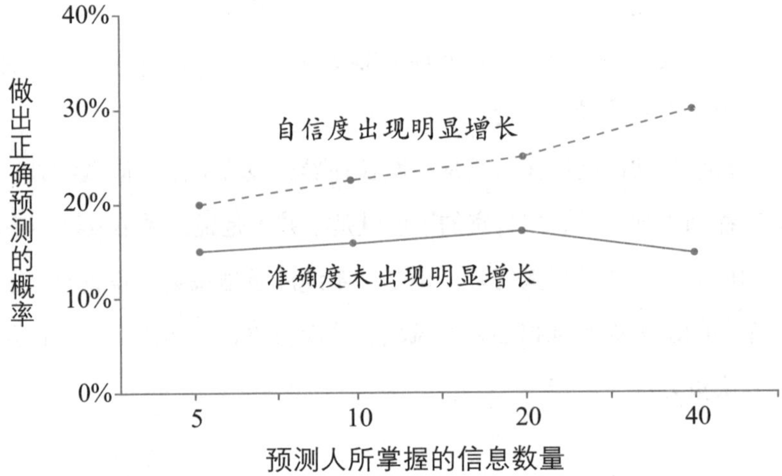


资料来源：杰伊·拉索和保罗·舒梅克尔，《决策制胜》，第 124 页。经作者允许引用。

图 1.1　更多的信息并不一定会提高预测的准确性

我的一位学生目前是一位非常成功的对冲基金经理，他曾经打电话告诉我，他所在的公司在制定投资决策时已不再使用目标价格，原因有二：

首先，他希望所有分析师都能根据期望值提出投资建议，这就会促使他们去研究回报和概率问题。此外，充分认识各种可能出现的结果，还有助于他们不至于过分关注某一种结果带来的风险——也就是被人们称之为“锚定”的行为缺陷。

其次，在出现错误时，期望值的思想可以为他们提供一种心理上的保护。假如你是一位分析师，并建议按高于当日市场价格的目标价

格买入股票，此时，你就有可能陷入求证陷阱[①]，在这种情况下，你会有选择性地去寻求确认性证据，并放弃或贬低非确认性证据。

相比之下，如果你的投资建议以期望值分析为基础，其中包括可能出现的价格下跌事件及其相应概率，你在投资时就会清醒地意识到：投资并不一定总能如愿以偿。因此，如果分析师所在机构也能事先认识到这种发生不利情况的可能性，即使分析师在判断和决策中出现失误，也不会对其横加斥责。

薪酬激励机制和业绩衡量标准往往导致投资界过于偏重结果，而对过程却重视不足。用鲁宾的话说就是：并不是说结果不重要，相反，它的价值和重要性尽人皆知。但是，单纯注重结果会妨碍我们为了做出正确的决策而去承担必要的风险。简而言之，评估决策的方式会影响着决策方式。

① 求证陷阱（Comfirmation Trap）指根据结论，有选择地去寻找可证实性的证据，忽视甚至回避不利于这一结论的证据。

第2章

# 跑赢大市，还是赚钱？

## *投资的专业化与商业化*

我正在开始考虑如何劝说那些大型投资管理机构的掌门人，让他们认识到，最首要也是最重要的前提就是要维护这样一个至关重要的核心理论：投资是一种专业，这是最根本的原则。

——查尔斯·艾利斯（Charles D. Ellis）
美国特许金融分析师协会前会长

人类固有的某些弊端可能会让原本简单的事情复杂化。这种弊端也许会延续下去。轮船还会继续围绕地球航行，但相信地球是平的人照样很多，就永远不会无事可做。

——沃伦·巴菲特

## 向指数基金学选股

为了在比赛中获胜，很多球队会去暗中刺探竞争对手的情况。球队的目标就是要根据对手的情况制定合理的比赛方案，在压制对手优点的同时，充分利用其弱点。大多数球队都认为，充分了解对手的情况对于长期成功来说是至关重要的。

那么，一个基金经理所面对的竞争又是怎样的呢？具有特定业绩目标的投资者往往会投资于积极型的投资基金或被动型的指数基金。例如，想要投资大盘股的投资者，既可以购买投资大盘股的积极型基金，也可以购买复制标准普尔 500 指数（S&P 500）的指数基金。

因此，我们可以考虑采用指数收益率作为业绩基准来衡量投资者的机会成本，或者说资本成本。经过一段时间后，投资业绩能够超过业绩基准是衡量积极型基金经理是否成功的标准。

积极型基金经理在与指数基金的竞争中做得如何呢？不怎么样。在最近 5 年里，指数基金的业绩比所有积极型基金经理都高出 67% 左右，而在过去的 10 年里，约 3/4 的积极型基金业绩低于业绩基准。而且这种跑输大盘的业绩是持续性的。了解一下指数股是如何选取的，可以让那些积极型基金了解一下他们的竞争对手是如何取得这么好的业绩的。

标准普尔500指数是使用最广泛的业绩基准指标。标准普尔指数委员会主要依据五项基本标准确定构成指数的成分股。而这些选股标准正是指数年复一年战胜绝大多数积极型基金的关键所在。标准普尔500指数的成分股选择标准具体为：

1. 流动性。标准普尔指数委员会的要求是保证该基准具有"可投资性"，因此，所选择的股票必须具有足够的流动性[衡量标准为：月交易量/（0.3× 流通股股数）]和可交易性(Float)。

2. 基本面分析。盈利性标准体现为"连续四个季度均实现正的净利润"，仅此而已。

3. 市值。标准普尔500指数并没有市值方面的限制，但应符合"属于美国主要行业的主要公司，是纳入标准普尔500指数的基本指导原则"。

4. 行业代表性。委员会在选择成分股时，尽可能保证指数中各行业所占有的权重与这些行业在市场中的总体权重保持一致。调整的方法一般是增加权重不足行业的股票，而不是减少权重过度行业的股票。

5. 缺乏代表性。标准普尔把"缺乏代表性"定义为："假设就在今天创建指数，如果一家公司不能满足上述的一项或多项标准，该公司就不得纳入这个指数。"在过去75年里离开标准普尔500指数这个大家庭的1 000多家公司中，绝大多数是因为收购和合并而被剔除。

我们对标准普尔500指数选股策略的侦察报告可能还会指出：委员会并不进行宏观经济预测，且采纳低组合周转率的长期投资方式，

不受行业或门类、持仓权重、投资风格参数以及业绩压力等方面的制约。同样重要的是，指数基金还需要以极低的成本密切跟踪标准普尔500指数。

## 积极型基金舵手战胜华尔街的秘诀

某些积极型管理基金的业绩明显高于业绩基准，甚至能在相当长的时期内持续如此。为了看看我们能否总结成功的投资者战胜指数的成功之道，我们筛选了在截止到2004年年底过去10年里业绩超过标准普尔500指数的一些股票投资基金，这些基金均由一名基金经理负责，且资产规模超过10亿美元（见表2.1）。

表 2.1　业绩超过标准普尔 500 指数的普通型权益基金（1995 ~ 2004 年）

| 基金名称 | 10 年期收益（%） | 10 年期税后收益（%） | 周转率（%） | 前 10 名股东持有的资产（%） |
|---|---|---|---|---|
| Calamos Growth A | 23.31 | 19.92 | 54 | 27.82 |
| Meridian Value | 20.74 | 19.09 | 81 | 20.83 |
| Baron Growth | 18.95 | 18.29 | 27 | 27.03 |
| Fidelity New Millennium | 18.37 | 16.16 | 96 | 23.07 |
| Muhlenkamp | 18.05 | 17.78 | 9 | 35.80 |
| Legg Mason Value Trust | 18.04 | 16.80 | 4 | 51.07 |
| FPA Capital | 17.61 | 14.32 | 20 | 37.89 |
| Fidelity Low-Priced Stock | 17.60 | 15.43 | 28 | 13.52 |

（续表）

| 基金名称 | 10 年期收益（%） | 10 年期税后收益（%） | 周转率（%） | 前 10 名股东持有的资产（%） |
|---|---|---|---|---|
| Weitz Value | 17.39 | 15.33 | 12 | 40.09 |
| Lord Abbett Mid-Cap | 16.71 | 13.93 | 16 | 23.11 |
| Value A | — | — | — | — |
| Columbia Acorn Z | 16.68 | 14.68 | 10 | 11.01 |
| Dodge & Cox Stock | 16.41 | 14.41 | 8 | 24.18 |
| Columbia Small-Cap T | 16.21 | 12.90 | 26 | 12.27 |
| Thompson Plumb Growth | 16.18 | 14.10 | 29 | 47.63 |
| Clipper | 16.17 | 13.48 | 25 | 54.13 |
| Ariel | 15.94 | 13.71 | 16 | 28.76 |
| Longleaf Partners | — | — | — | — |
| Small-Cap | 15.83 | 13.98 | 4 | 53.47 |
| Smith Barney | — | — | — | — |
| Aggressive Growth | 15.79 | 14.64 | 5 | 51.09 |
| T. Rowe Price | — | — | — | — |
| Small-Cap Growth | 15.79 | 14.31 | 10 | 11.76 |
| Hartford Capital Appreciation | 15.65 | 12.75 | 94 | 21.43 |
| T. Rowe Price | — | — | — | — |
| Mid-Cap Growth | 15.49 | 14.80 | 30 | 12.54 |

资料来源：晨星公司（Morning Star.com）

以下四个特性往往会导致此类基金明显区别于大多数积极型股票共同基金：

组合周转率。就总体而言，这些投资基金的周转率只有27%左右，这与所有权益基金平均112%左右的周转率形成鲜明对比。标准普尔500指数基金的周转率只有5%。换句话说，这些成功的投资投资平均持股期限大约为3年，而全部基金平均持股期限却不到1年。

组合的集中度。对于那些长期超过市场基准收益率的基金，其投资组合的集中度往往超过指数基金。比如说，在这些组合中，29%的资产集中于前10大重仓股，而标准普尔500指数在前10大重仓股的投资比例却只有22%。

投资风格。这些具有超越市场表现的投资者大多强调以内在价值（Intrinsic-value）为根本的投资策略，他们所寻求的是价格低于内在价值的股票。在著名的“格雷厄姆—多德部落的超级投资者们”演讲中，沃伦·巴菲特指出，很多成功的投资者是价值投资的追随者。

地理分布。仅有一小部分业绩较高的投资者来自东海岸的金融中心城市——纽约或波士顿。而大多数拥有一流业绩的投资者均来自芝加哥、盐湖城、孟菲斯、奥马哈和巴尔的摩等城市。

根据我们对标准普尔选择成分股的分析报告，这些基金经理和指数基金一样保持着低组合周转率，从不在宏观经济预测上浪费时间。但是在集中度方面，他们却明显区别于指数基金，更加专注于寻找价值与价格差异较大的股票。

在这里，我们并非建议所有投资者都应该、或者说可以采取这些基金经理的投资方法。一个健全而健康的投资市场是由形形色色的投资者构成的。市场需要具有不同投资期限、分析方法和资本来源的投资者。事实上，很多采用完全不同上述这种投资策略的基金经理，其业绩表现也非常优秀。

还有一点需要强调的是，这些投资者的成功并非只是源于他们的投资组合结构，而是更有可能反映了这些基金经理高质量的投资过程。我们曾经听说过，一位投资者在评价这些拥有一流业绩的基金经理时说："你们的业绩这么出色，因此，你们的周转率可能会很低。"而一位基金经理则反唇相讥："不，我们的业绩这么好，恰恰是因为我们的周转率很低。"如果没有一个合理的投资过程而全盘照搬这些特性（低周转率、相对较高的集中度）是很难取得良好投资业绩的。

谈到这一点，我们不得不提到这样一个显而易见的问题：和一般基金经理相比，这些超一流的基金经理何以能做到如此与众不同呢？

## 全球最大基金公司掌门人的牛熊通吃法

这个问题的答案在一定程度上体现了投资专业化与投资商业化之间的对立，以及两者之间日益升级的失衡。投资专业化的内涵在于通过基金管理实现长期收益的最大化，而投资商业化的目标则体现于为基金公司创造收入（通常是短期收入）。

把基金公司的生意做得红红火火并没有什么错，事实上，一个生意兴隆的基金公司对于吸引和留住人才十分关键。但如果一味强调公司经营上的成功，并以牺牲投资职业的本性为代价而换取短期的业务成功，就有问题了。

从历史上看，共同基金一直非常强调业务经营层面上的成功。唯

一有资格称得上见证行业巨变的人物也许就是传奇的投资大师，先锋(Vanguard) 基金公司创始人约翰·博格在半个多世纪的投资生涯中一直是这个行业的倡导者和预言家，与此同时，他还是一位不折不扣的批判家。在博格的眼里，这个行业已经经历了很多具有划时代意义的重大变革：

- 普通股基金的数量从1945年的49只膨胀到2005年的4 200只，无论是在专业还是在地理范围上都已经今非昔比。新股票基金的百分比（以现有基金的百分比表示）在20世纪90年代已经达到了创纪录的近600%，比80年代增长了175%。还有一点值得注意的是，其中有50%的基金在90年代均告失败，仅在2000～2004年，就有近1 000只基金淡出人们的视线。
- 竞争压缩了大多数行业的盈利水平，但共同基金的费用率早在70年代末期和80年代初就已经达到了90个基点，在过去的15年里更是稳步上涨，目前已经高达156个基点。费用上涨的很大一部分也许可以归结为资金募集成本的增长。但成本的增长又影响了基金的投资回报率，从而导致1945年至1965年基金收益率仅为股票市场总体收益率的89%；从1983～2003年，这一比率进一步下降到79%。
- 在1958年之前，美国证券交易所委员会（SEC）一直限制基金管理公司股权的出售。在法庭宣判证券交易所委员会的规定违法之后，整个投资管理行业一时掀起了首次公开发行（Initial Public Offerings，简称IPO）和并购狂潮。在目前最大的50家基金管理公司中，仅有6家私人持有（尚未上市）。其余则包括8家公开上市公司、22家美国金融财团、7家外

国金融公司和 6 家大型经纪公司。而先锋基金则是硕果仅存的共同基金。

至于积极型共同基金的畅销以及投资者对近期热门表现基金的推崇，所带来的一个潜在后果就是基金平均业绩表现与投资者实际回报之间的脱节。其根源在于，当投资者疯狂购入近期业绩优异的基金时，不可避免地会导致基金收益回归于市场平均水平。例如，在 2000 年的第一季度，成长型股票基金创造了单季度净资金流入量的历史记录，达到了 1 200 亿美元，与此同时，纳斯达克股票指数也创了历史新高，而价值型股票基金则遭遇了巨额的资金流出。按照博格的计算，1983 ～ 2003 年，在股票指数上涨 13% 的同时，基金平均收益率为 10%，而同期的投资者平均收益率却只有 6.3%。

查尔斯 · D. 艾利斯①归纳了基金公司从业务经营角度追求自身价值最大化的动机。在资料 2.1 中，笔者对他的结论进行了总结。艾利斯指出，商业化与专业化之间相对立的根源在于公司经营模式上的根本差异。长期持有、低费率以及逆向投资有利于专业型投资，相比之下，短期持有、高费率和出售市场需求最大的基金产品则有利于商业型投资。那么，基金公司到底应该怎样做呢？在这个问题上，艾利斯为我们做出了精辟的概括：投资专业化与商业化之间的理想均衡应以专业化为出发点，因为只有真正致力于专业化准则，一个组织才有可能构建起有助于吸引优秀专业人才的价值观和企业文化。

在这个问题上，我想说的是，投资管理组织在商业经营上的很多

① 查尔斯·D.艾利斯（Charles D.Ellis）于1963年毕业于哈佛商学院。曾任特许金融分析师协会会长，曾在哈佛、耶鲁等名校执教。1972年创立专为金融机构服务策略咨询公司Greenwich Associates。

业绩压力产生于专业化和商业化之间不健康的定位。很多投资经理之所以能在市场中游刃有余，是因为他们始终把不断提高专业化水平作为出发点。

### 资料 2.1 商业型投资公司的标志

- 增加客户关系经理的数量并强化他们的地位，因为不管业绩如何，他们总能长期留住客户。而留住客户则是实现利润最大化的关键所在。
- 把客户关系经理的职责明确地定义为：通过交叉销售，把越来越多的资产类别和投资产品推销给每个客户，从而实现每个客户“钱包份额”的最大化。
- 扩大专业销售人员的数量，并提高他们的销售技能。
- 开发所在组织的“品牌”或市场特许经营权。
- 进入新的市场，包括向国内市场和国外市场的拓展。
- 如果公司在零售市场已经占有较大的份额，就要向机构客户扩张；如果公司在机构客户市场已经相当强大，就需要向零售市场拓展。
- 充分关注与投资顾问之间的业务关系，他们对 70% 机构雇佣经理有影响力。
- 拓展公司的产品线，开发新的资产类型，开发不同风格的产品，分散因过分依赖一种业绩优异的产品所带来的经营风险。
- 通过密切跟随市场指数，限制非预期短期投资业绩波动带来的公司经营风险。

资料来源：查尔斯·D. 艾利斯，《经营上的成功是否会破坏投资管理的专业性？》(*Will Business Success Spoil the Investment Management Profession?*)，第 4 页，经作者允许改编。

第3章

# 贝贝·鲁斯效应

## *期望值的频率与幅度*

在现实世界中，根本就不存在永保盈利的“捷径”。但它至少可以告诉我们，宁可明智地去亏，也不愿糊涂地去赚。

——理查德·A. 爱泼斯坦（Richard A. Epstein）

《赌博与统计逻辑理论》作者

## 用期望值分析单项投资

只要你在交易公司待上一段时间，就肯定会听到有人这么说："嗨，如果我能在 51% 的时间里做对的话，那我就是绝对一流的投资家。"如果你觉得这句话还算有道理，不妨看下去，你将会发现投资领域最重要的概念之一。

首先我们必须承认，投资者应坚持正确的经营模式，尽量避免错误，因为正确的观点肯定更有说服力，也肯定更有吸引力。但是，一个有关基金组合经理的故事却向我们揭示出这种说法的荒谬之处。

一位非常著名的投资人告诉我，他所在的公司总共雇用了 20 名基金经理，他是其中之一。公司财务主管对几名积极型基金经理的总体表现极为不满，他决定对每一名基金经理的投资过程进行考评，旨在剔除业绩不佳的人员。按照他的业绩计算方法，即便是随机选股，最终的组合收益也应该达到市场基准收益率的 1.5 倍，他依据超过市场基准收益率的股票在组合中的百分比对每个投资组合进行考核。

至于我们所说的组合经理的处境似乎极为特殊：一方面，他的总体组合业绩是所有经理中最好的，另一方面，在他所管理的股票中，超过市场总体表现的股票又是最少的。财务主管马上解雇了全部业绩"不佳"的经理，并召集其他投资经理进行研讨，他想知道的是：在

所选股票勉强超过市场总体业绩的情况下，这位组合经理的组合为什么居然有如此不错的总体表现，两者之间何以存在这么大的差异呢？

而这位组合经理的答案恰恰向我们揭示了概率论中最经典同时也最深刻的原理：出现在正确方向上的频率并不重要，最重要的应该是出现在正确方向上的幅度有多大。比如说，你同时持有 4 只股票，其中的 3 只股票均出现小幅下跌，而第 4 只股票则大幅上涨。因此，尽管大部分持仓股票下跌，但组合的整体表现依然走强。

要建立一个表现优异的基金组合，就要求你通过期望值分析去评价每一项投资。令人百思不得其解的是，在赌马、赌博以及投资等诸多领域，最伟大的思想家无不强调这一点。业内称之为“贝贝·鲁斯效应”[①]：尽管贝贝·鲁斯曾经无数次因三击不中而出局，但这并不妨碍他成为棒球史上最伟大的击球手。

为什么说期望值具有普遍性呢？其原因在于，所有概率事件都有类似之处。换句话说，要让人们从内心去接受这个以概率为主导的现实世界，并使之固化于思维中并非易事，因为从根本上说，不确定性有悖于人的本性。要指出这位财务主管在决策中的漏洞并不难，但在事实中，人们却更愿意接受这样的逻辑。

## 不以一战定输赢

1979 年，丹尼尔·卡尼曼[②]和阿莫斯·特沃斯基（Amos Tversky）

① 贝贝·鲁斯（Babe Ruth）是20世纪20年代美国棒球界的传奇人物、世界棒球之王，他击出的本垒打占其全部击球的很大比例。他曾效力于波士顿红袜队和纽约扬基队。

② 丹尼尔·卡尼曼(Daniel Kahneman)是行为经济学和实验经济学的先驱。1961年获得加州大学伯克利分校博士学位。1993年起，任普林斯顿大学心理学和公众事务学教授。2002年获得诺贝尔经济学奖。著有畅销书《思考，快与慢》。

共同提出了“前景理论”(Prospect Theory)[①]，揭示出经济行为与理性决策的一致性。该理论的根本观点在于：人们在对诸多风险性结果进行选择时，对损失存在着严重的厌恶感，而不管损失多么微小。卡尼曼和特沃斯基发现，损失对人造成的影响程度是等幅收益影响的 2.5 倍。换句话说，对于同等程度的损失和收益，人们因损失而产生的低落感远超过因收益而产生的愉悦感。

这种表现在行为上的客观现实意味着，只要能做出正确的选择，我们就能体会到更多的快乐。有趣的是，做对事却并无法保证投资组合的回报率总能超越市场基准收益率（上面的故事就说明了这一点）。具体而言，增加上涨股在投资组合中的比例并不一定会带来组合整体业绩的提升；相反，决定组合整体表现的是价格变化幅度。个别股票的大幅涨跌对业绩的影响往往远大于成分股能否超过市场平均收益率。

## 牛市、熊市与概率

在极具震撼力的《随机漫步的傻瓜》（*Fooled by Randomness*）一书中，作者纳西姆·尼古拉斯·塔勒布（Nassim Nicholas Taleb）通过例子，生动形象地为我们阐述了期望值原理。一名交易商请塔勒布谈谈对市场的看法，塔勒布认为，市场走向在未来一周内极有可能出现小幅上涨。当对方进一步问及上涨概率到底有多大时，他指出，上涨的可能性在 70% 左右。但是，也有人在会上毫不客气地指出，塔勒

① 前景理论由期望值理论和期望效用理论发展而来。前景理论有三个基本原理：一是大多数人在面临收获时是风险规避的；二是大多数人在面临损失时是风险偏好的；三是人们对损失比收获更加敏感。因此，人们的决策在面临收获时往往小心翼翼，不愿冒风险；而在面对损失时会很不甘心，容易冒险。

布的投资组合在标准普尔 500 指数期货方面存在明显缺口，因而，他们认为市场将出现下跌，这与塔勒布的“牛市”观点显然大相径庭。于是，塔勒布根据期望值理论对自己的观点进行了解释。表 3.1 阐述了他的观点。

表 3.1　频率与幅度

| 事　件 | 概　率 | 结　果 | 期望值 |
| --- | --- | --- | --- |
| 市场总体上涨 | 70% | +1% | +0.7% |
| 市场总体下跌 | 30% | -10% | -3.0% |
| 合　计 | 100% | — | -2.3% |

资料来源：笔者整理。

在这个例子中，最有可能的结果是市场出现总体上涨。但由于结果的分布是均匀的，因而，最终期望值是负的。现在，我们再从股票角度对这个例子加以剖析。在某些情况下，股票是按照信息完全的状态进行定价的。即便公司在绝大多数情况下均能实现或略超过预定指标（频率），其股票价格也不会出现大幅上涨。但是，一旦未能实现指标，公司的股票价格就会出现剧烈下跌。于是，尽管出现满意结果的概率很大，但期望值却是负的。

我们再考虑一下那些价值受制于市场大势的股票。这种股票在绝大多数时间里的表现令人失望，从而导致股价持续走低。但正收益的结果却导致股价出现大幅上扬。在这种情况下，尽管概率对投资者不利，但期望值却有利于投资者。

投资者必须在持续关注以往频率分布的同时，充分考虑收益的期望值。这也是那些常胜将军总能在诸多涉及概率的领域中做到无往而不胜的缘故。但投资在很多方面又是非自然的：任何一个投资者都希望看到股价的上涨，而不是下跌。事实上，前景理论带来的最重要的

现实结果反映在：投资者总是急于出售那些本可带来收益的股票（满足自己保持正确的欲望），同时，又总是不愿意尽早抛弃那些即将带来损失的股票（希望市场有所转机，让自己摆脱损失）。下面，我们再从投资、赌马和21点纸牌这三个主宰于不确定性的领域，探讨一下各自领域内的常胜将军。

## 巴菲特也是期望值应用大师

“20世纪最伟大的投资家”这个称号对沃伦·巴菲特来说显然是当之无愧的。他认为，智慧与天才就如同马达的功率，但马达的输出却取决于现实中的合理性。“很多人有400马力的发动机，但却只能输出100马力的功率”，他说，“因此，用200马力的发动机得到200马力的输出显然是更可取的选择”。这段话的关键在于，我们应该从期望值的角度去认识投资机会，正如巴菲特的搭档查理·芒格所言：“对于像巴菲特这样的人来说，他的优点之一就是能自觉利用决策树去思考问题”。“对比一下损失概率与预期损失数的乘积以及盈利概率与预期盈利额的乘积，这就是我们要做的事情，尽管还不算完美，但已经足够了。”

当然，提出最有可能的结果及其对应的概率并非易事。但严谨的投资过程将促使投资者去思考，预期价值驱动因素如销售额、成本和投资的诸多变化，将如何影响股东价值以及出现不同结果的可能性。这样一种模式还将有助于投资者克服损失厌恶的缺陷。

事实上，期望值的思维模式并不局限于投资领域。《每日赛马》杂志的CEO斯蒂芬·克里斯特在他最近出版的新书《与最优秀的人打赌》（*Bet with the Best*）中，为我们讲解了赌马人的各种策略。他在阐述投资回报的机理时，讲述了一场由四匹马参加的假想比赛。在总

结赌马的原理时，他写道："这个例子的本意就是要告诉大家，如果一匹马有极高的胜算，这既有可能成为一个非常有利的赌注，也有可能成为一个非常糟糕的赌注。两者之间的区别仅仅在于一件事情：概率。"因此，即便一匹马有 50% 的获胜概率，但是从报酬角度看，这既有可能是个好赌注，也有可能是个坏赌注。事实上，即便是 10 比 1 的胜率也一样。他用最直白的语言指出，决定最终结果的并不是获胜的概率，而是概率与报酬数额的乘积（即期望值）。

克里斯特还向读者提出了一个问题，"现在不妨反问自己：你在赌马时是否会真正想到这种思维方式呢？抑或只是在寻找自己'喜欢'的马，然后希望它能给自己带来最好的回报呢？大多数赌马人坦言：他们选择了后者。"如果把"赌马"换成"投资"，把"赛马"换成"股票"，克里斯特不就是在谈论股票市场吗？

另一个可以让期望值理论大显身手的领域是 21 点纸牌游戏，爱德华·索普（Edward Thorp）的畅销书《打败发牌人》（*Beat the Dealer*）为我们揭示了这一点。在 21 点纸牌游戏中，报酬的数额是固定的，因此，玩家的主要任务就是评价有多大的机会抽到一张有利于自己的牌。索普为我们讲解了如何通过数牌及时发现发牌有利于玩家的时刻。当时机有利于玩家时，最理想的策略就是增加赌注（有效地增加回报）。他指出，即便是在最理想的情况下，出现有利于玩家的概率也只有 9.8%，而赌场盈利的概率则是 90.2%。

因此，我们可以看到，在这些存在不确定性的领域中，所有三位大师采用的策略最终都可以归于一处。我们还知道，在这些依赖于概率的活动中，绝大多数参与者依据期望值进行的思考还远未达到应有的程度。我们总是在规避股价下跌，但期望值又具有足够的吸引力。在这种情况下，损失厌恶的本性和逃避损失的本能必将使股票投资者承受巨大的挑战。

## 顶级投资大师的镇山之宝

在任何一个存在不确定性的领域里，长期性的成功都具有共性。笔者从中总结出以下四个共同点：

专注。职业赌家从不会同时涉足多种游戏。他们永远不会到赌场里闲逛，随心所欲地玩一会 21 点或是掷骰子，或是在老虎机上再打发一会时间。相反，他们总是专注于某一种赌博游戏，细心揣摩其中的奥秘。同样，投资者需要清楚自己的能力，也就是自己最擅长、最有经验的领域。毫无疑问，在众多行业和公司之间寻找自己最擅长的落脚点，同样是一种巨大的挑战。因此，那些最伟大的投资家总是义无反顾地坚守属于自己的阵地。

解读形势。赌博游戏的玩家必须研究自己所面对的机会和形势，因为市场价格通常是最精确的。同样，投资者还需要对市场形势做出评价，收集大量的相关信息。例如，最成功的总裁兼首席执行官之一，来自政府雇员保险公司（GEICO）[①]资本业务部门的卢·辛普森（Lou Simpson）每天都要用 5 ～ 8 个小时阅读资料，而进行实际交易的时候却并不多。

把握有限的机会。正如索普在《打败发牌人》一书中所指出的那样，即使你知道自己的处境和措施非常有利，但真正能让你赚钱的几率也只有 10%。何况在赌场里，能遇到理想处境的人更是寥寥无几。对于投资者而言，即便你有能力，

① 政府雇员保险公司（GEICO）是巴菲特旗下的伯克希尔·哈撒韦公司的子公司，被标准普尔公司评为AAA信用等级的保险公司，总部位于华盛顿。

真正出现有利局面的时机也不会经常光顾你。也就是说，你对市场状况了如指掌。

赌注。在赌场里，要成为玩家，你就要下赌注。在理想的情况下，如果机会不好，你可以小试牛刀，当机会有利的话，你可以大赌一把。但无论如何，你都要下赌注。但是在投资中，如果你认为期望值缺乏吸引力的话（当然需要在符合投资政策的前提下），你可以选择不投资，因此，与其他依赖概率的赌博形式相比，投资显然要有利得多。

始终如一地从期望值角度去思考问题，首先要求投资者具有严格的自律精神，而这在某些情况下又是有悖常理的。但诸多领域的顶级大师却不约而同地让我们认识到这样一个颠扑不破的真理：不要关注出现在准确方向上的频率，真正需要重视的，应该是出现在正确方向上的幅度。

# 第4章

## 做股市里的黏液菌

### *根据市场环境调整投资方式*

在管理界，无数陈词滥调和时髦的理论都无法逃脱昙花一现的命运，来之即去，成为过眼烟云，原因何在呢？因为它们大多没有自己的明确定位，总是被人们视为放之四海而皆准的真理，是建立在最基本的因果关系基础之上的，因而也没有任何针对性可言。于是，当这些理论盛极一时的时候，管理者们就会趋之若鹜，而一旦这些先见之明无法为他们带来预期结果时，便会毫不留情地被抛弃。于是，他们总会感慨万分地得到这样的结论："这些理论不管用"——但现实却是色彩斑斓的，任何理论都有自己的适用范围，一旦超越了这个范围，真理就有可能成为谬误。

——克莱顿·克里斯坦森（Clayton M.Christensen）

保罗·查理（Paul Charlie）

大卫·M. 桑德尔（David M.Sundahl）

摘自《构造理论的过程》（*The Process of Building Theory*）一文

## 向黏液菌学生存之道

你也许觉得对黏液菌进行分类并不困难：在潮湿阴冷的树丛里，我们经常会看到这种令人生厌的东西。但你肯定是错了，事实证明，黏液菌具有某种奇特的行为方式，以至于让科学家们在过去几个世纪里一直对它们迷惑不解。

在食物充足时，这些黏液菌表现为独立的个体。它们四处蔓延，吞食细菌，分裂繁殖。然而，在食物短缺的时候，这些黏液菌就会聚合在一起，成为一个由成千上万黏液菌群居在一起的聚合体。此时，这些黏液菌已经不再作为个体而存在，而是作为一个集体而存在。这也正是难以对黏液菌进行分类的原因所在：到底应该是“它”还是“它们”，完全取决于具体情况。

完全以内在属性为基础，而忽视具体情况的投资方法，同样是毫无意义的。在某些情况下，看似高价的股票却有可能很便宜，而某些貌似物有所值的股票却有可能被高估，因此，股价的高低仅仅是针对具体情况而言。

但那些投资顾问却在鼓励甚至是在强迫众多投资专业人士采取某种以属性为基础的投资方法，而且要求他们一成不变。于是，他们把投资变成一件再简单不过的事情。对于那些所谓的成长型投资者，唯

一需要他们做的，就是把销售额与收益处于迅速增长期的企业塞进自己的投资组合，而对股票价值却毫不在意。而价值型投资者所需要的，则是收益可观的廉价股票，他们看重的是企业成长所带来的收益。

大多数基金经理坚信，依据内在属性而形成的投资风格，再加上自己的投资技巧，注定会带来超越市场基准收益率的业绩，而组织因素或是外部约束则形同虚设。这些形形色色的投资方法无非建立在这样一种理论基础之上：投资者个人的努力必然会带来令人满意的投资结果。然而，“理论”这个词却总让投资者和企业管理者感到茫然而不知所措，因为一旦他们把理论本身和“理论性”等同起来，就必然会招致不现实的手段。但如果我们把“理论”定义为针对因果关系做出的一般性解释，显然更符合复杂多变的现实生活。一个合理而现实的理论有助于我们在纷繁复杂的环境下，对某些行为或事件可能带来的多种结果做出预测。

在这里，我们所阐述的主要问题在于：大多数投资理论由于缺乏合理定位而站不住脚。事实上，很多管理学理论也存在这个问题。具体而言，在一般情况下，投资者需要对基于基本属性的分类（比如市盈率）和基于环境的分类予以区分。以基于环境的分类取代基于属性的分类，可以让投资者和管理者深受裨益。前面谈到的黏液菌就是一个很好的例证。

## 构建投资系统的三个步骤

在一篇发人深省的论文中，克莱顿·克里斯坦森、保罗·查理和大卫·桑德尔把理论构建过程划分为三个步骤（见图 4.1）。我们将对这几个步骤逐一加以讨论，并就如何把这个一般性理论构建过程运用于投资提出若干见解。

1．用语言和数字去描述需要我们认识的对象。这个步骤的目的就是对某种现象进行认真的观察、描述和衡量，以保证随后的研究者能对相关主题达成一致。

股票市场的业绩是一个需要以完善的理论为基础的表象。今天，我们似乎已经对市场的描述阶段感到胸有成竹，但是在事实上，直至1964年，有关学者才首次公布总体股票市场业绩的综合性研究结果。芝加哥大学的教授劳伦斯·费舍尔（Lawrence Fisher）和詹姆斯·劳里（James Lorie）在一篇论文中指出，从1926～1960年，股票市场的总体收益率大约为9%。彼得·波恩斯坦(Peter Bernstein)称这篇文章是一个“震惊”学术界和业内人士的“炸弹”。毫无疑问，这样的描述本身就已经在金融界和投资界引起了轰动。

2．根据内在关联把现象划分为特定的类型。通过分类，我们对身边的复杂事物进行简化和组织，以便发现和识别不同事物间的差异。在物理学中，最简单的分类就是把全部事物划分为固体、液体和气体。而克里斯坦森则独具匠心地把创新划分为持续性创新和间断性创新。投资本身就是多种多样的，具体可以划分为价值型投资和成长型投资、高风险投资和低风险投资以及小盘股投资和大盘股投资等。这些投资类型已经成为投资领域不可分割的组成部分，很多投资公司及其产品都建立在这些基本投资类别的基础之上。

3．构建一个能说明表面行为特征的理论。一个建立在合理分类与定位基础之上的理论，不仅能说明最基本的因果关系及其作用机理，最关键的是，它还能告诉我们，这些特定原因和结果适用于什么情况。更重要的是，理论必须具有可证伪性。

今天的投资界到处都充斥着关于投资回报率的理论。一方面，有效市场理论认为，任何投资策略都不可能创造出能根据市场风险实现自动调节的超额投资回报。另一方面，积极型基金经理却固执地寻觅

着各种各样的投资策略，他们坚信这样一个理论：自己的方法注定能带来超额回报。

怎样才能让一个理论更趋于完善呢？一旦构建起一个理论模型，研究者就会迫不及待地使用这个理论去预见各种条件下的未来市场。但是在这个过程中，他们却经常看到一些与理论相违背的反常现象或结果（见图 4.1 的右侧）。这些反常现象迫使研究者不得不回到最初的描述和分类阶段，以便对现象做出比以往理论更完善、更精确、更深刻的解释。合理的理论需要研究者在这三个阶段之间循环往复，从而使理论模型日趋完善，日渐深刻，并不断提高其预见力。

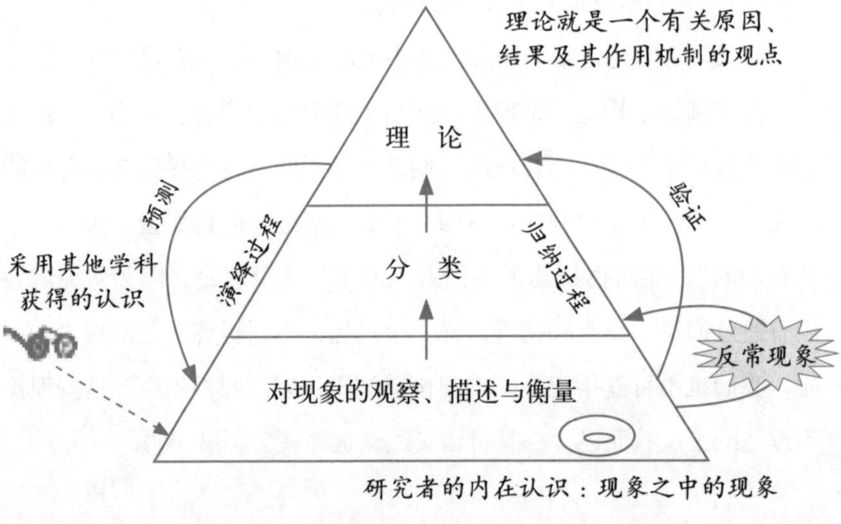


资料来源：克莱顿·克里斯坦森、保罗·查理和大卫·桑德尔，《构造理论的过程》。经作者允许修改。

图 4.1　理论构建的过程

理论的可证伪性对经济学家而言是一个严峻的挑战，因为大量的经济学概念在其定义中就已经对答案做出假设。最明显的一个例子就

是效用最大化理论，它假设个人行为的最终目标在于实现效用的最大化。但是，既然我们已经用符合结果的方式对效用进行定义，自然也就无法对概念本身进行证伪了。

资本资产定价模型（Capital Asset Pricing Modd，简称 CAPM）则是一个来自金融领域的例证。经济学家采用资本资产定价模型对市场的有效性进行检验，而资本资产定价模型却假设市场是有效的。按照著名经济学家理查德·多尔（Richard Doll）的话说，任何针对资本资产定价模型进行的检验“实际上都是同时针对 CAMP 和市场有效性进行的检验”。克里斯坦森、查理和桑德尔主张：在经济学中，如果从精确性角度出发，大量的核心命题都应该被称做“概念”，而不是“理论”，因为它们本身是无法直接证伪的。

可以肯定的是，很多研究者并不关心如何去完善自己的理论。很多人仅仅满足于构造一个理论，然后不遗余力地去告诉人们：自己的理论就是正确无误的。管理顾问们总是在乐此不疲地提出各种各样的建议，无非是为了达到这一目的。例如，管理顾问也许会主张“外包是有利的”，然后再找几个事例去“证实”这个理论。因为研究者并没有通过描述、分类和完善这样一个过程去不断提炼自己的理论，因此，我们也不可能指望他们的理论能站得住脚。归根到底，这些理论不过是纸上谈兵而已，一旦付诸实践，也许就会不堪一击。

## 何时买比买什么更重要

至于克里斯坦森等人提出的论点，其最本质的核心观点或许在于：合理的分类和定位是构建真正理论的前提基础。具体而言，当理论的分类基础从属性演化为环境的时候，理论本身也就经历了一个不断完善的过程。一个以环境为基础的理论可以为我们提供不同条件下的实

践指南。相比之下，基于属性的理论则描述了在现象呈现出某种特定属性时应采取的对策。

对于那些严重依赖属性的投资者来说，这个观点同样也是至关重要的。一个典型的例子就是价值型投资者所推崇的核心理论：低价格 - 收益倍数（市盈率）型投资。根据过去 125 年的市场表现，如果采用市盈率（Price to Earnings Ratio, 简称 P/E ratio）作为选择投资时机的工具，在市盈率较低时应该入市，在市盈率较高时应该退市，那么，实际的投资回报率将是非常可怜的。但这并不意味着低市盈率有什么不好，相反，它只能说明，按照市盈率较低时买入股票这样一个理论，并不能保证获得出色的长期回报。

实际上，在旁观者的眼里，成功的投资者所采取的投资策略往往是折中性的。把他们的投资方法描述为基于环境型策略，而不是基于属性型的策略似乎更为贴切。在截止于 2005 年的 40 年里，作为唯一一位曾经连续超过标准普尔 500 指数的基金经理，雷格梅森资产管理公司的比尔·米勒（Bill Miller）给我们做出了最好的例证。米勒的投资方法基本以环境为基础，但是，他也经常因背离基于属性的投资理念而遭受非难。

至于雷格梅森基金的投资组合，似乎一直和我们在价值型投资中所遵循的低市价 - 账面价值比（市账率）以及价格 - 收益比（市盈率）原则格格不入。根据晨星公司(Morningstar)的研究，截至 1999 年年底，该基金的市账率（市场价格 / 账面价值）高于价值型投资平均回报率 178%，而市盈率则超过市场平均数 45%。

所有投资者都在自觉或不自觉地遵循着某种理论。但理论构建过程却告诉我们，任何一个能站住脚的理论都需要反映它所依赖的现实。当市场未能如他们所愿的时候，当股价脱离他们所期待的前进轨道时，那些坚守属性论的投资者就只能扼腕叹息了。

第5章

# 玩弄风险还是被风险玩弄

## *投资的风险、不确定性和预测*

风险和不确定性之间的现实差异体现为：对于前者，群体事件的结果分布是已知的……而对于不确定性而言却并非如此，因为它所面对的条件更为独特。

——弗兰克·H. 奈特 (Frank H. Knight)

《风险、不确定性和利润》（*Risk, Uncertainty and Profit*）作者

无论是对于人类社会还是自然界，我们对事物行为方式的认知总是深藏在无边无际的迷雾之间，而对确定性的坚信不疑却是无尽梦魇的开始。

——肯尼思·阿罗 (Kenneth Arrow)

摘自《我还能分开锤子和锯子》（*I Know a Hawk from a Handsaw*）一文

## 从火箭失事看风险

认知学家歌德·吉仁泽（Gerd Gigerenzer）在参观阿里亚娜火箭的制造商——戴姆勒-奔驰航空制造公司时，注意到了一些不同寻常的东西。在那里，有一块告示板记录了阿里亚娜4号和5号火箭94次发射的全部历史，其中包括第63次、70次和88次等8次发射失败。出于好奇，吉仁泽问向导：发生意外事故的危险有多大。向导告诉他，安全系数在99.6%左右。

当吉仁泽问及94次发射中的8次事故是怎样转化成99.6%的成功率时，向导回答，他们在计算中并不考虑人为误差。相反，德国宇航公司（DASA）则按照火箭个别部件的设计特征计算总体安全系数。

德国宇航公司的故事似乎与2003年的航天飞机事故不谋而合。尽管美国国家航空和宇宙航行局（NASA）估算的航天飞机发生事故率只有1/145（0.7%），但他们仅在前117次发射中就已经遭受了2次失败。DASA和NASA的计算都促使我们思考：怎样才能把风险和不确定性与概率合理地联系在一起呢？

我们到底应该怎样去认识风险和不确定性呢？一个符合逻辑的起点就是弗兰克·奈特对两者的区分：尽管风险的具体结果无从知晓，但我们却知道风险结果的基本分布模式；而对于不确定性，它的结果

和基本分布都是未知的。因此，轮盘赌和 21 点纸牌等游戏属于风险性事件，而不可预知的战争结果却是不确定的。奈特认为，客观的概率分布是风险的基础，而主观的概率则是不确定性的基础。

我们还可以从另一个角度去认识风险和不确定性之间的差异。在字典中，风险是指“遭受损失或破坏的可能性”；而不确定性则是“一种不确定的状况”，不确定性体现为“未知或是尚未确定的”。因此，风险通常包含损失的概念，而某些不确定的事物却未必会造成损失。

那么，投资者为什么要关注风险与不确定性之间的区别呢？其主要原因在于，投资的本质在某种程度上就是一种概率游戏。每一天，投资者都需要把投资机会转化为概率。实际上，这也是投资者的一种基本技能。因此，我们必须认真思考如何针对不同条件提出最可行的概率，以及潜在问题的根源何在。

## 从不确定性谈概率

在《风险估算》（*Calculated Risk*）一书中，吉仁泽提出了三种确定概率的方法。这些在具体性方面逐渐递增的方法，可以帮助投资者对不同类型的概率加以区分。

可信度（Degrees of Belief）。可信度是一种主观性的概率，也是把不确定性转化为概率的最简洁的方式。在这里，问题的关键在于，只要满足概率法则，即便是一次性事件也可以转化为概率。也就是说，这一事件是独一无二的，此类事件的所有替代物都可以归结为这个唯一的事件之上。此外，投资者还可以根据新的相关信息，在可信度基础上对原有概率不断更新。

习性（Propensities）。以习性为基础的概率反映了事物或系统的

内在属性。例如，如果一个骰子足够均匀的话，任何一个面在抛掷后向上的概率都应该是 1/6。DASA 和 NASA 的风险评估就属于基于习性的方式。通常，这种概率评估方法并不考虑可能影响其最终结果的全部因素（比如火箭发射中的人为失误）。

频数（Frequencies）。在这个方面，概率以适当参照类（Reference Class）内得到的大量观察结果为基础。没有适当的参照类，也就不可能进行以频数为基础的概率估计。因此，采用频数的时候，使用者即不关心其他人如何看待抛掷骰子的结果，也不关心骰子的设计是否均匀合理。他们所关注的只有重复抛掷骰子得到的结果。

那么，长期股票市场的概率分布又如何呢？股票市场的预言在很大程度上取决于可信度，因此，概率结果对近期经历存在着严重的依赖度。可信度本身就包含着相当程度的情感因素。

当然，我们也可以从习性的角度去看待股票市场。根据杰里米·西格尔 (Jeremy Siegel) 的《股市长线法宝》(*Stocks for the Long Run*) 一书，在过去的 200 年里及其所包含的诸多子期间内，美国股票市场的真实年收益率均低于 7%。

在这个问题上，关键在于是否存在这样一种习性，作为经济与利润增长的基础来支持这种极为一致的收益结果。

同样，我们还可以从频数角度来看待市场。比如说，我们可以看一下 1926 ~ 2005 年的股票市场年收益率。收益分布的算术平均值为 11.9%，标准差为 20.2%（假设收益分布符合正态分布）。

假设过去的年收益分布继续适用于未来的年收益，也就是说，过去 80 年的收益分布是一个合理的参照类，我们就可以对未来的年收益做出判断。

在上述三种确定概率的方法中，金融学术界似乎更倾向于第三个阵营。在金融领域，大多数模型假定价格的变动符合正态分布。最

典型的例证就是布莱克—斯科尔斯期权定价模型（Black-Scholes）[①]，在这个模型中，最重要的一个输入指标就是股票价格变动率，也就是未来价格变动的标准差。

股价波动并不符合正态分布，毫无疑问，我们对风险和不确定性、市场投资时机以及资金的管理，也必将会因此而受到影响。更具体地说，股价变动的分布将表现出更高的峰值[②]。也就是说，与正态分布相比，平均值更高，尾部更丰满。（也许我们还可以说，股票市场的分布肯定是存在的，但绝对不是正态分布。）如果按这样的收益模型看待股市收益依时间的变动特性，也许会非常有趣。

为了说明这一点，我们不妨看一下 1978 年 1 月 3 日到 2005 年 10 月 31 日之间的 S&P500 指数日变动量。在此期间，该指数基金的收益率（不包括股利）为 9.6%。之后，我们再从样本中剔除收益最高的 50 天和收益最差的 50 天。如果我们能避免这 50 天收益最差的时段，总体收益率就可以达到 18.4%，也就是说，收益增长近 10%；如果没有收益最高的这 50 天，收益却只有 2.2%。

这样的分析也许很有诱惑力，但却缺乏参照点。为创造一个更合理的分析环境，我们用实际基础数据来计算均值和标准差，然后再利用这些统计参数创建一个具有相同规模和特征值的随机样本。如果从新样本中剔除收益最差的 50 天，收益率可以达到 15.6%（真实数据的收益率则是 18.4%）。同样，如果剔除收益最好的 50 天，收益率却只有 4.8%，明显高于采用实际数据计算的收益率。

---

① 布莱克—斯科尔斯期权定价模型（Black-Scholes）由费雪·布莱克（Fisher Black）和迈伦·斯科尔斯（Myron Scholes）提出的有关期权定价的模型，该模型一直被认为是应用经济学最成功的模型。

② 在统计事件发生频率的曲线上，变量的分布更为集中，大多数变量接近于整个分布的中心或分布中心所代表状态的数值。

简而言之，这个分析告诉我们，与正态分布相比，极端收益对市场总体收益的影响更大。此外，这个例子也说明了投资时机的重要性。因此，投资者应该以系统方式对出现极端收益的时间进行预测，以避免投资期间对收益带来的不利影响。

对于极限收益所出现的时段，还有一点值得我们注意：这些极端收益期往往会集中出现，而不是随机散布在整个时间序列中（见图5.1）。因此，剔除收益最高期间和收益最差期间的做法并不非常客观的，因为这些极端（最高点和最低点）收益期毕竟具有集中出现这样一种特征。

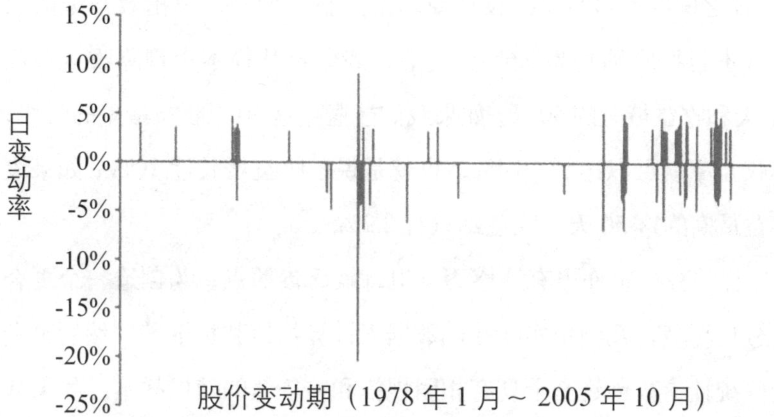


集中出现的变动期：指价格变动量超过三个标准差的日期。
资料来源：FactSet 及笔者整理。

图 5.1　集中出现的股价变动期

## 市场预测如何改变预期回报

在这里，我们所讨论的是风险和不确定性。围绕预测这一问题，我们所关注的是预测本身将如何改变预测的结果。

为了说明这个问题，我们不妨对比一下轮盘赌和赌马这两种情况。对于轮盘赌，如果一切条件均保证公平状态的话，无论你做出怎样的预测，都不会对结果产生丝毫影响。相比而言，如果我们相信某一匹赛马更有可能获胜，我们就会在这赛马身上下赌注，但你的下赌必将影响到最终的结果。当所有下赌人都预测这匹马最有可能获胜的话，这匹马获胜的几率就可以反映出他们的预测情况。也就是说，最终的投资收益将因此而降低。

同样的类比也适用于股票市场。如果你相信某一只股票被低估，就会买入这只股票，而你的买入必将会提高该股票的价格，进而压低其预期收益。因此，预期结果的变化完全独立于预测本身。这一点恰恰强调了概率论的核心概念期望值的重要性。期望值告诉我们：投资回报是各种结果的概率和各结果回报额的乘积。

彼得·波恩斯坦曾经说过："投资的基本规律就是未来的高度不确定性"。作为投资者，我们所面对的挑战就是把这种不确定性转化为定量的概率和回报额，并据此进行选股。因此，按照上述三种方法来确定概率都可能会让我们事半功倍。

# 第6章

# 股市中的“神投手”

## *持续获利靠的是能力还是运气*

连胜是出类拔萃的技巧和不同寻常的运气结合在一起的产物。

——斯蒂芬·杰·古尔德（Stephen Jay Gould）

摘自《惯性中的惯性》（*The Streak of Streaks*）一文

从理论上说，在掷骰子的时候，任何人都能连续抛出12个7点。

——比尔·格罗斯（Bill Gross）

## 连续投篮命中 VS 持续获利

人是天生的模式寻找者。[①]最明显的例子就是篮球比赛中的热手效应。我们把在比赛中连续多次投篮命中的选手称为“热手”(Hot-hand)，这就是说，他在下一次投篮中得分的概率要超过正常的命中率。研究表明，大多数球迷乃至运动员自己都相信热手现象的客观性。

但这里也有一个问题，而且恰恰是最致命的问题：根本就不存在所谓的热手。科研人员对费城76人队在整个赛季中的投篮统计数据以及波士顿凯尔特人队的三分球数据进行了研究，他们没有找到任何可以证明存在热手现象的证据。尽管运动员在比赛中确实存在连续命中现象，但是从总体上看，他们的命中率完全符合概率分布。连续命中或是连续不中均与概率分布保持一致。

我们往往把某些表面现象视为本不存在的客观模式，事实上，这只是因为我们希望具有某种特征的概率不仅能出现在全部事件序列中，而且能主宰整个序列的每一个局部。心理学家丹尼尔·卡尼曼(Daniel Kahneman) 和阿莫斯·特沃斯基（Amos Tversky）把这种现象

① 此处意指人类天生有寻找事情的某种固定的运作模式的倾向，至于这种模式是否客观存在，作者认为是一个疑问。

称为小数法则 (The Law of Small Number)。[①]

例如投掷硬币，如果投掷次数足够多的话，出现正面和反面的几率应该各占 50%。即便观察者只对局部试验进行观察，他们也会认为出现正反面的几率各占一半，实际结果可能与概率分布有系统偏离。局部内的重复结果却足以说服大多数人（这当然是错误的）：此类结果在更长的事件序列中也并非随机现象，它们的出现是必然的。这也就是我们对热手效应笃信不已的原因所在。

在这里，问题的核心在于，人们并没有把概率和结果的事件序列科学地联系在一起。重要的是，连续命中同样也是一种概率分布。人类的行为毕竟不同于抛掷硬币，因为成功或失败的概论是因人而异的，连续的投篮命中更有可能出现在那些能力更强的运动员身上，因为他们本身就有着超过一般选手的成功率。

## 常胜与能力的关系

在这个问题上，我们可以通过一个例子来说明连续命中和能力之间的联系。假设这里有两位篮球运动员，他们分别是萨利·斯维什（Sally Swish）和艾伦·艾尔伯（Allen Airball）。在两人当中，萨利的能力更强，平均投篮命中率可以达到 60%。而艾伦的投篮命中率却只有 30%。那么，在连续进行的 5 次试投中，他们连续命中的概率各自有多大呢？对萨利，5 次连续命中的概率应该是 $(0.6)^5$，或者说 7.8%。这就意味着，在每 13 轮（每轮包括 5 次投篮）试投中，萨利就会有一轮连续 5 次命中。而艾伦在一轮中连续命中 5 球的概率则是 $(0.3)^5$，或者说 0.24%。于是，艾伦要进行 412 轮试投，才会出现一轮连续 5

① 即人们通常会根据自己已知的少数例子对事件整体进行推测。

次命中的情况。由此看来，在不违背概率原理的情况下，萨利出现连续命中的次数要远远超过艾伦。

围绕这一话题，我们可以进一步看看实际情况。著名的NBA球星、费城76人队的威尔特·张伯伦（Wilt Chamberlain）曾经在1967年2月24日连续18次投篮命中，这也是比赛中出现连续命中的最高纪录。在整个运动生涯中，张伯伦的投篮命中率达到了54%，这也让他进入NBA历史上投篮命中率的前20名。

棒球比赛中的连续击出本垒打则是另一个说明连胜与能力（还有运气）之间关联性的例子。在大联盟棒球赛的历史上，曾经出现过39位在30场或30场以上比赛中连续出现本垒打成功的情况。这些选手在整个运动生涯中的平均本垒打成功率也达到了0.311。从这个角度看，0.311的本垒打成功率也足以让他们进入大联盟历史的前100名。

此外，有5名球员曾经在连续20场比赛中击出本垒打，这也是最高的本垒打连续击球成功纪录，他们分别是彼得·罗斯（Pete Rose）、泰·柯布（Ty Cobb）、海尼·曼努什（Heinie Manush）、查克·克莱恩（Chuck Klein）和乔·迪马乔（Joe DiMaggio）。在他们的全部职业生涯中，平均本垒打击中率达到0.333。在棒球历史中，所有球员的平均本垒打击中率在0.260左右。

在体育比赛中，唯一与概率分布相背离的例子就是迪马乔，他曾经在1941年的赛季中连续56场打出本垒打。紧跟迪马乔之后的是44场，他们分别是彼得·罗斯（Pete Rose），基勒 (Wee Willie Keeler)，相当于迪马乔这一纪录的80%。诺贝尔物理学奖获得者艾德·普塞尔（Ed Purcell）对棒球比赛中的连续击球命中和失误纪录进行了分析，并得出如下结论：棒球场上发生的一切都无法逃脱概率论的主宰——只有乔·迪马乔是个例外。

当然，迪马乔是一位伟大的棒球运动员。他的平均击球成功率在

职业棒球历史上名列第27位，但是对于他所创造的纪录，出现此类情况的可能性却只有百万分之一，这样一个概率即便对迪马乔本身也不例外，他只不过是百万中的那一个人。正是出于这个原因，大多数依据统计数字看问题的球迷都认为，从统计角度看，迪马乔的连续击中纪录绝对是最不可能被打破的纪录。

## 基金神投手米勒

大多数金融专业人士把基金经理的连胜（连续多年取得超过市场基准收益率的投资回报率）归结于运气。例如，金融学教师总习惯于绘声绘色地用抛硬币来说明市场的有效性。事实上，只要我们选取足够数量的基金经理作为统计样本，概率分布就会告诉你：总有人能连续取得超过市场基准收益率的投资回报率。比如说，我们首先选取1 000只基金，并假定各基金投资回报率超过市场基准收益率的概率为50%，最后，我们将得到30只左右的基金，其投资回报率连续5年超过市场基准收益率，也就是说，出现此类情况的概率为 $(0.5)^5 \times 100\%$。

尽管这样的逻辑没有任何错误，但问题却在于，并非所有基金经理都具有相同的投资技巧：在投资行业里，也存在着萨利·斯维什和艾伦·艾尔伯这样的差距。因此，简单地把基金投资的连续性成功归结为概率，必将会忽略这样一个事实：有能力的投资者更有可能连续实现一流的业绩。

毫无疑问，在共同基金领域，最令人称叹的连胜纪录来自雷格梅森价值基金公司的比尔·米勒，截止于2005年，他所管理的价值信托基金已连续15年超过标准普尔500指数。在过去40年的历史中，还没有任何一名基金经理能在如此长的时间里超过市场平均回报率。

那么，这样的机会到底有多大呢？把米勒的成功记到运气和机遇名下，已经让有些权威学者感到心满意足了。例如，格雷戈里·贝尔（Gregory Baer）和加里·金斯勒 (Gary Gensler) 就曾经写道：“尽管雷格梅森基金及其管理者比尔·米勒所取得的成就让我们振奋不已，但我们依然认为这个结果基本符合随机性的概率分布，同时，这也是积极型管理的一个重要指标。”而著名债券管理人比尔·格罗斯的评论则更有说服力。2003 年，在连续取得 12 年的成功业绩之时，格罗斯“大声咆哮”：比尔·米勒的业绩相当于用两个骰子连续掷出 12 次 7 点。有人引用过格罗斯的话：用两个骰子连续掷出 12 次 7 点的概率是 22 亿分之一，我们真希望引用者误解了这位业绩辉煌、同时又深谙赌博之道的投资家。

我们可以从两个侧面来看待米勒的连胜纪录。首先我们假设，每年均有固定比例的基金能取得超过市场基准业绩的回报。这样，我们就可以选用这个百分比，并据此计算：如果每年有一只基金的回报超过市场基准收益率时，市场上需要存在的最小基金数。例如，如果我们假设共同基金的收益情况基本符合抛硬币的结果，也就是说，一半基金的回报率超过市场基准收益率，另一半则低于市场基准收益率。按照这样的假设，一只基金在连续 15 年内超过市场基准收益率的概率为 1/32 768 ［即 $(0.5)^{15}$］。但是，如果我们考虑到，在米勒开始连胜的那一年，市场上仅有 900 只具有可比性的共同基金，如此说来，他的纪录的确令人称奇。

这个分析的问题在于，对于一般的基金经理来说，超过市场基准收益率的可能性并不一定遵循五五开的规律。事实上，在过去的 15 年里，基金收益超过市场基准收益率的平均概率只有 44%。因此，如果我们把上述分析中的成功比例假定为 44%，那么，一只基金在 14 年里连续超过基准收益率的概率就应该是 1/223 000，即（$0.44)^{15}$。

表 6.1　一只基金在各年度均超过市场基准收益率的概率

| 年　数 | 30% | 40% | 50% | 60% |
|---|---|---|---|---|
| 1 | 3 | 3 | 2 | 2 |
| 2 | 11 | 6 | 4 | 3 |
| 3 | 37 | 16 | 8 | 5 |
| 4 | 123 | 39 | 16 | 8 |
| 5 | 412 | 98 | 32 | 13 |
| 6 | 1 372 | 244 | 64 | 21 |
| 7 | 4 572 | 610 | 128 | 36 |
| 8 | 15 242 | 1 526 | 256 | 60 |
| 9 | 50 805 | 3 815 | 512 | 99 |
| 12 | 169 351 | 9 537 | 1 024 | 165 |
| 11 | 564 503 | 23 842 | 2 048 | 276 |
| 12 | 1 881 676 | 59 605 | 4 096 | 459 |
| 13 | 6 272 255 | 149 012 | 8 192 | 766 |
| 14 | 20 907 516 | 272 529 | 16 384 | 1 276 |
| 15 | 69 691 719 | 931 323 | 32 768 | 2 127 |

资料来源：笔者整理。
超过市场基准收益率的基金百分比。表中数字为：如果有一只基金在各年度内均超过市场基准收益率的话，所需要的最小基金总数，第一行的数字为年回报率超过市场基准业绩的基金比例。即：一只基金在各年度均超过市场基准收益率的概率＜ (1/N),N 为表中数字。

第二种看待米勒这个纪录的方法，则是分析各年度基金回报率超过市场基准收益率的实际百分比（见表 6.2）。这样。我们就可以根据实际情况计算出累计概率。计算结果显示，一只基金在 14 年里（截至 2005 年）连续超过基准收益率的概率为 1/2 300 000。只要简单地看一下这个数字，就足以说明创造这个纪录的概率有多么渺茫了。如果单独考虑 1995 年和 1997 年这两年的情况，由于在两个年度中，超过市场基准收益率的基金数量仅为 10%，因此，创造出如此纪录的可能性显然也就更加微乎其微了。

表 6.2　基金回报率超过 S&P500 指数的百分比（1991 ~ 2005 年）

| 年　份 | 基金总数 | 回报率超过 S&P500 指数的百分比 |
|---|---|---|
| 1991 | 889 | 47.7 |
| 1992 | 1 018 | 50.9 |
| 1993 | 1 289 | 72.0 |
| 1994 | 1 733 | 24.0 |
| 1995 | 2 325 | 12.6 |
| 1996 | 2 894 | 20.7 |
| 1997 | 3 761 | 7.9 |
| 1998 | 4 831 | 26.1 |
| 1999 | 5 873 | 51.4 |
| 2000 | 6 966 | 62.2 |
| 2001 | 8 460 | 49.7 |
| 2002 | 9 749 | 58.7 |
| 2003 | 10 780 | 56.7 |
| 2004 | 11 466 | 54.9 |
| 2005 | 11 329 | 67.1 |

资料来源：Lipper Analytical Services 以及笔者整理。

## 常胜和运气的关系

在基金管理中，只有（经风险调整后）超过市场基准收益率的超额收益才构成基金的真实利润，但连续盈利就复杂得多了，因为在此期间不允许出现任何亏损年份。此外，随着连续盈利期间的增加，基金管理人的压力也会与日俱增。

那么，在这一点上，米勒是否也不能例外呢？这是毫无疑问的。正如斯蒂芬·杰·古尔德所说：连胜是出类拔萃的技巧和不同寻常的运气结合在一起的产物。

但其中的关键问题在于，在任何一个领域里，长期的成功都依赖

于能力和技巧。实际上，即使是掌握最简单的能力也不是一件轻松的事情，因此，要抓住长期成功的秘诀自然是难上加难了。

第 7 章

# 暴涨往往不只有一天

## *损失厌恶倾向和组合周转率*

风险资产的吸引力取决于投资者的投资期限。和那些迫不及待地想看到投资结果的投资者相比，如果投资者在评价最终投资结果之前甘愿忍受漫长的等待，风险资产对他们自然更有吸引力。

——理查德·H. 塞勒（Richard H.Thaler）、丹尼尔·卡尼曼、阿莫斯·特沃斯基（Amos Tversky）和阿兰·施瓦茨（Alan Schwarts）
摘自《短视性与损失厌恶倾向对风险承担能力的效应——试验性检验》一文

损失厌恶症……也许是生活中不可回避的现实。相比而言，评价的频率在理论上至少是一种可以改变的政策性选择。

——所罗门·本纳特兹（Shlomo Benartzi）和理查德·塞勒
摘自《短视性损失厌恶和股票风险溢价之谜》一文

## 1 个还是 100 个

经济学家保罗·萨缪尔森就曾经在午餐上和同事用掷硬币的方式打赌：如果对方能猜中哪面向上的话，他就拿出 200 美元给对方；如果猜错的话，对方就要拿出 100 美元给他。同伙们纷纷摇头侧目，都认为他不够理智，但在场的一位著名学者却说："我可不愿意打这样的赌，因为我觉得赚 200 元的快乐远不能抵消损失 100 元的痛苦。除非你答应和我赌上 100 次，否则，我可不愿意参与你的赌博。"

这个回答让萨缪尔森认识到这样一个真理："如果你不愿意接受其中的每一个局部，自然也就不会接受这些局部构成的整体"。按照经济学原理，这位学者的回答绝对是非理性的。

在这个午餐的赌注中，尽管赢钱的期望值是正的，但大多数人并不会因此而认为萨缪尔森的论据是正确的。我们可以用损失厌恶倾向解释其中的原委。作为前景理论的一个重要结论，损失厌恶者倾向于认为，在对具有既定风险的两个结果之间进行选择时，损失带来的厌恶感大约 2 倍于等量收益产生的快感。

因此，即便萨缪尔森的观点在理论上能站得住脚，但绝大多数人在直觉上会赞同那位同事的观点：如果某一次掷硬币给自己带来 100 美元损失的话，那种厌恶感要强于可能赢得 200 美元所带来的欢乐。

另一方面，大多数人更愿意接受多次反复的赌注，因为这样的话，在总体上出现赔钱的几率要远远小于赢钱的几率。

期望效用理论（Expected-Utility Theory）[①]和前景理论之间的一个重要差异体现于决策框架的范围。期望效用理论是在投资者全部财产的基础上考虑收益和损失（宽框架）。相比之下，前景理论则是在构成个别财产的要素基础上看待收益和损失，比如说某一只股票或投资组合价格的变动（窄框架）。实证研究表明，投资者在对金融交易估价时，倾向于以价格或是价格变动量作为参照点。换句话说，投资者更注重窄框架的影响。如果说前景理论确实能解释投资者行为的话，那么，股票（或投资组合）价格变动的概率以及投资估价期自然就成了重中之重。在这里，我想着重探讨一下有关这两个变量的政策。

## 股票风险溢价之谜

在各项资产具有既定风险的情况下，长期股权收益为何总是高于固定收益证券的回报率呢？这一直是财务领域的一个难解之谜。1900 ~ 2005 年，美国股票的总体年均收益率比国库券收益率高出 5.8%。类似结果同样适用于全世界范围内的其他发达国家。

在一篇具有开创性的文章中，所罗门·本纳特兹和理查德·塞勒依据他们所说的“短视性损失厌恶倾向”，提出了一种解释风险溢价之谜的答案。他们的观点基于以下两个基础性概念：

> 1. 损失厌恶倾向。损失带来的厌恶感大约两倍半于等量收益产生的快感。在以股票价格作为参照框架的情况下，出

① 期望效用理论认为若决策者选择风险决策备择方案的过程符合效用公理，则他将会选择期望效用值最大的那个备选方案。

现收益或损失的概率自然就非常重要了。显然，在金融市场上持有金融资产的时间越长，取得正收益的几率也就越大。为了投资，投资者就必须放弃当前的消费，因此，要吸引新资金进入金融市场，市场的收益期望值就必须是正的。

2. 短视性。我们对投资组合的评估频率越高，就越有可能发现损失，因而也越有可能受到损失厌恶的侵袭。反之，对投资组合的评估频率越低，就越有可能看到收益。

我们可以通过表 7.1 中的数字说明这些概念。在这个分析中，我们采用了 10% 的几何平均收益率和 20.55 的标准差，与 1926 ~ 2005 年的实际均值和标准差基本一致。这个表格还假设，股票价格的变动完全是随机的，这是一个近乎完美但却可行的假设，并假设损失厌恶系数为 2，即效用 = 价格上升的概率 - 价格下降的概率 ×2。

表 7.1 时间、收益和效用

| 投资期间 | 收益率（%） | 标准差（%） | 正收益的概率（%） | 效　用 |
|---|---|---|---|---|
| 1 小时 | 0.01 | 0.48 | 50.40 | -0.488 |
| 1 天 | 0.04 | 1.27 | 51.20 | -0.464 |
| 1 周 | 0.18 | 2.84 | 53.19 | -0.404 |
| 1 月 | 0.80 | 5.92 | 56.36 | -0.309 |
| 1 年 | 10.0 | 20.5 | 72.6 | 0.177 |
| 10 年 | 159.4 | 64.8 | 99.9 | 0.977 |
| 100 年 | 1 377 961 | 205.0 | 100.0 | 1.000 |

资料来源：笔者整理。

只要简单地浏览一下表 7.1，我们就可以发现，在较短的时间内，收益或损失的概率将趋近于 50%。此外，要得到正的效用。也就是说，避免出现损失厌恶倾向，就要求投资持有期至少应接近 1 年。

按照本纳特兹和塞勒的观点，我们可以得到一个重要启示：针对相同的风险水平，对其投资组合不经常进行估价的长期投资者愿意做出比经常对其投资进行评估的短期投资者更大的投资。也就是说，估价取决于你的投资期限。这或许可以说明为什么很多长期投资者声称他们不关心价格变动的原因。由于短期价格波动对这些长期投资者几乎没有任何影响，因此，只要他们持有股票的期限足够长，实现收益的概率自然也就更大，因而也就更有可能获得正效用。

本纳特兹和塞勒通过一系列的模拟方法估算出，与已实现股票风险溢价保持一致的估价期间大约为 1 年。估价期间并不等同于投资者的预计投资期限。一个投资者可能为积攒退休金而从现在开始投资，如果他按年或按季度对投资组合进行估价的话，或是更准确地说，对收益和损失的效用进行评估，那么，他的投资期限仍然是短期的。

这里，我十分想重申一下这个问题（我希望不会太离题），我认为：对于大多数投资组合而言，组合周转率就是估价周期的代名词。高周转率的目的一般是追求短期收益，而低周转率则意味着投资者甘愿在经过长期持有投资组合之后，再对收益或是损失进行评估。对于很多成功的基金或公司来说，估价周期的确定都需要通过正式的政策加以确定。正如巴菲特所说的那样，你迟早都会成为自己梦寐以求的股东。

## 懒惰也创造价值

现在，我们再来探讨一下反映投资组合周转率和股票业绩之间关系的实证数据。根据组合周转率，我们把共同基金划分为四种类型。所有实证数据无一例外地表明，持有期限在 2 年以上的低周转率基金在 3 年、5 年、10 年和 15 年的时间范围内业绩最佳（见表 7.2）。

我们或许可以把这种业绩表现上的差异归结于低成本——这本身

就是很多基金降低周转率的原因，但我们还需要看到的是，交易成本一般仅占全部共同基金平均成本的 1/3。

表 7.2 组合周转率及其长期业绩表现（%）

| 周转率 | 三年期的年回报率 | 五年期的年回报率 | 十年期的年回报率 | 十五年期的年回报率 |
| --- | --- | --- | --- | --- |
| ＜ 20 | 4.5 | 1.7 | 11.7 | 11.6 |
| 20~50 | 5.4 | 2.8 | 11.3 | 11.3 |
| 50~100 | 3.8 | -1.2 | 9.8 | 10.5 |
| ＞ 100 | 2.8 | -5.4 | 9.6 | 10.4 |

注解：数据截至 2004 年 12 月 31 日
资料来源：笔者整理，晨星公司。

尽管所有证据都验证了买入并长期持有策略在业绩上的优势，积极管理型共同基金的平均周转率均超过 100%。原因何在呢？首先，一个有效的股票市场要求投资者在各种投资风格和投资期限之间实现多样化配置。也就是说，并非所有投资者都能或者说应该成为长期投资者。这种在组合结构上的谬误也反映了所谓“道氏 36 000”理论的荒诞之处。该理论认为，如果所有投资者均采取长期投资期限，股票风险溢价就会因此而消失，从而使股票市场出现全面增长。改变投资者的本性就意味着改变市场本性。如果所有投资者都采取长期投资策略，就会导致整个市场因过度多样化而崩溃，因此，市场也就不可能像我们今天所看到的这么有效。

高周转率的第二个原因、同时也是更深层的原因在于代理成本。研究表明，对于按期望值交易的股票投资组合，其业绩表现将随着时间的推移而逐渐提高，最终必将取得超过市场基准收益率的回报率（风险调整）。但是，过度关注结果（而相对忽视了过程）往往会导致大多数机构投资者的投资期限明显低于投资策略所要求的回报期。

业绩不佳的基金经理承受着损失资产甚至是丢掉饭碗的危险。[10]因此，他们的第一反应必然是想方设法缩小基金的组合回报率和基准收益率之间的跟踪误差（Tracking Error）。[①]在这种情况下，即便某些股票在持有三年时更有吸引力，但只要对这些股票心存疑虑，这些基金经理就不会贸然买入，因为他们无从知晓股票在未来 3 个月的表现。这或许可以解释我们在市场上所看到的某些过度反应，同时也说明，短视性损失厌恶倾向很可能是市场无效的一个重要来源。

## 量化损失厌恶倾向

根据投资大师威廉姆·伯恩斯坦 (William Bernstein) 的想法，我们绘制了图 7.1 到 7.4，这些图表可以帮助我们从量化角度对短视性损失厌恶倾向背后的基本观点加以剖析。图 7.1 反映了风险与回报之间的关系。由于风险（以标准差表示）为时间平方根的函数，而回报（以收益表示）则体现为时间的线性函数，因此，在风险和收益的相交处会出现一个明显的拐点。请注意，图中的坐标系采用的是对数坐标。

另一种能说明这个问题的方法需要借助于风险 - 收益比——即标准差和收益的比值（见图 7.2）。现在，我们可以看一下出现正收益结果的概率。在保持假设基本统计特征不变的情况下，图 7.3 说明了投资随时间而增长的概率。如果投资者以损益、而不是买入价格作为参照物，我们就可以用这个图形来说明时间与投资者后悔度之间的关系。

根据图 7.3 所示的概率，并假设损失的影响度是同等收益影响度的 2 倍，我们就可以得到一个简化的效用函数（图 7.4）。图中的参数变动范围从 -2.0（出现 100% 的损失 ×2）到 1.0（出现 100% 的盈利）。

① 跟踪误差（Tracking Error）即指数化跟踪投资组合的收益率与目标指数收益率之间的偏差。

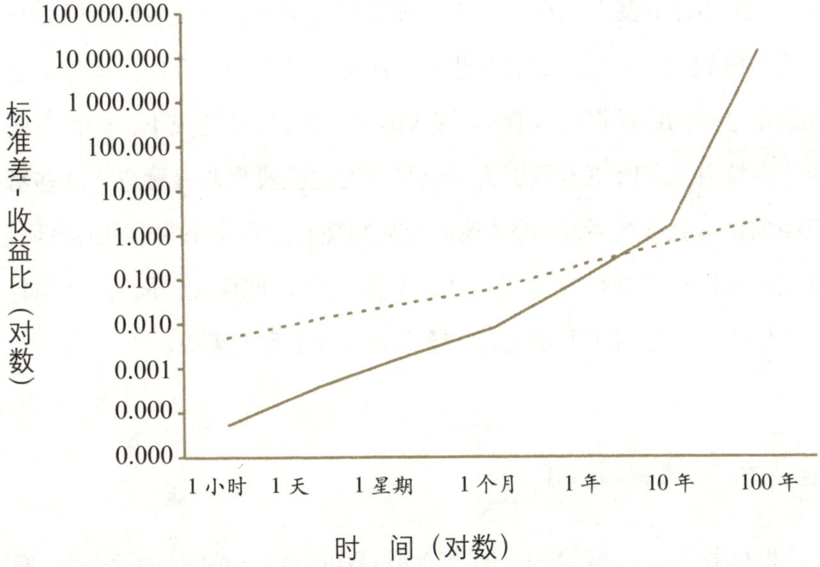


资料来源：笔者整理

图 7.1 总收益与标准差

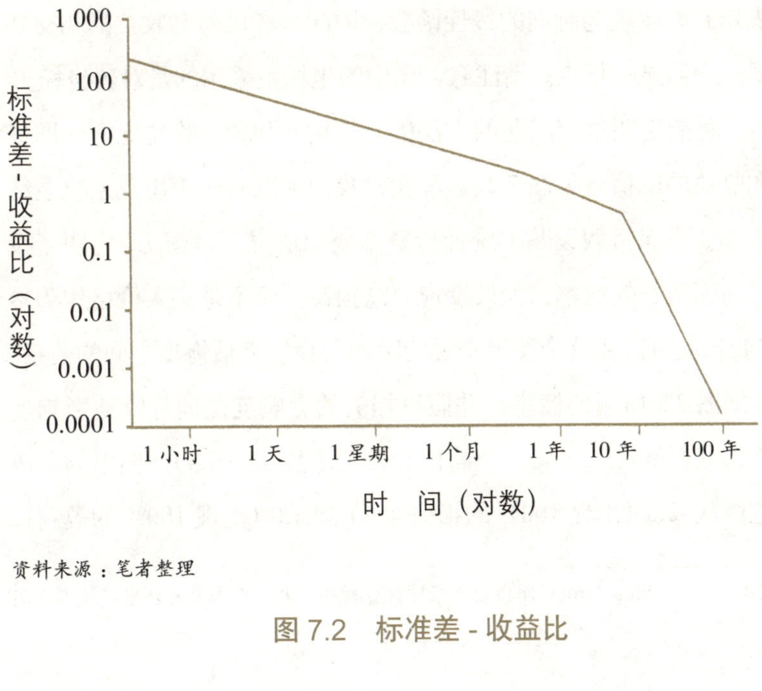


资料来源：笔者整理

图 7.2 标准差-收益比

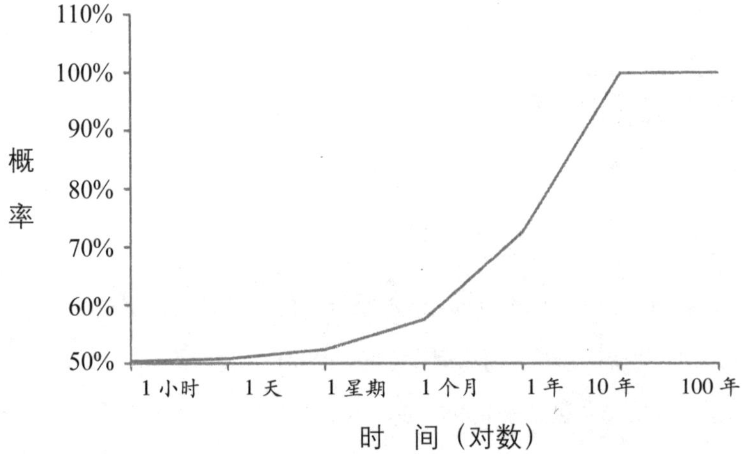


资料来源：笔者整理

图 7.3　时间与收益的概率

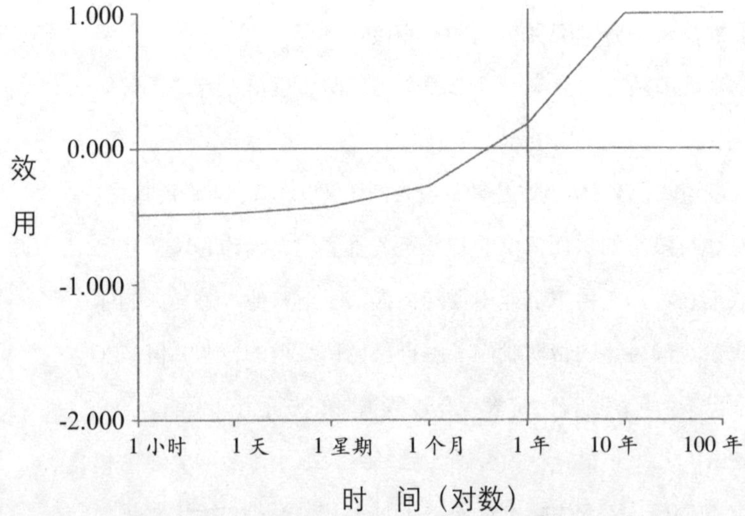


资料来源：笔者整理

图 7.4　效用指数

# 第二部分

# 投资心理学

烟不离手的帕吉·皮尔森（Puggy Pearson）绝对是赌博圈里的一个传奇人物。尽管出身于贫困潦倒的家庭，尽管只读到八年级（大概只相当于今天的三年级水平）就辍学，但皮尔森却创造了一个令人难以置信的纪录：1973年赢得世界扑克牌系列赛冠军，而且一度成为世界十大顶尖牌手之一，可以花掉7 000美元参加职业高尔夫球赛。总之，在他的身上，你可以听到很多不可能的事情。

他到底是怎样做到这些的呢？皮尔森说，“对于赌博来说，只有三件事情需要牢记在心：一定要用四六开的观点看待任何一个观点，知道如何管理自己的钱，了解你自己。”至于怎样更好地对结果做出评价，他则补充道：“即便是一头驴都应该知道。”

皮尔森的前两个观点属于投资理念的范畴，但第三点“了解你自己”，则完全属于心理学范畴。

在投资领域，心理学也许是最不被人们了解、最不为人们所重视、同时也是想得最少的层面，但它却是至关重要的，因为心理学有助于说明我们在不同条件下可能出现的错误，了解其他人怎样影响你的投资决策，同时，还帮助我们了解自己应该采取的行为。但是在大多数情况下，传统的商学院教育在这些重要的方面上却无能为力。

在过去的几十年里，行为金融学已经大大缩小了金融学理论和心理学之间的隔阂。例如，丹尼尔·卡尼曼和阿莫斯·特沃斯基创建的理论，就形象地阐述了人类行为的次优化与传统经济学主张之

间的差异。但即使是在今天，行为金融学依然无法为投资者提供一种内在的实质性方法，引导投资者认识市场，参与市场。本文的目的就是鼓励你主动地去评价自己的决策过程。

提到心理学，难免会让人想到个人的行为方式。但是，个人决策与集体决策之间却存在着一个经常被人们所忽视的重要差异。尽管个人决策和集体决策相互关联，但只有集体决策过程才是应对市场问题的基础和关键。

避免错误，不断完善个人决策是必不可少的，这也正是皮尔森送给我们的告诫“了解你自己”。在这个层面上，本文将深入探讨压力如何影响决策、他人说服你采取某种行为的伎俩以及直觉的双刃剑作用等主题。

为何说集体决策是应对市场的核心策略呢？最根本的原因在于，集体决策可以避免个体决策带来的失误：比如说，你我都对自己的主张笃信不已，但你说要买入，我却要卖出，此时，尽管你我的个别决策有可能存在偏差，但综合的结果仍有可能形成精确、或者说有效的价格。事实上，观念的多样化是市场正常发挥作用的一个必要前提。

于是，无数投资者出现的个别错误形成了市场的整体行为。任何投资者只不过是一个更庞大群体的组成部分，因此，用个别投资者的行为去解释整个市场显然是荒谬的。由此出发，我们或许可以

意识到，电视上那些夸夸其谈的名人，只不过是在满足人们寻找专家的需求而已，而对认识和汲取专家的价值却毫无意义。

尽管个人的独立性是不可或缺的，但个人不应该成为主宰。究其根源，人类和其他很多动物一样，在本质上都是具有社会性的群居体。群居的动机是多种多样的，但也有它的弊端。比如说模仿，虽然模仿在人类生活中的作用是不可否认的，尤其是在他人拥有某种我们自己所不具备的有价值信息时，通过模仿，这些价值就可以为我所用。和生活中的其他任何事情一样，一切事物都具有两面性，物极必反是不可回避的规律。不加思考的模仿也许会让疯狂演化为灾难。

由此可见，当我们在市场上进行交易时，仅有自己的观点还远远不够，我们还需要考虑别人是怎么想的。新古典经济学喜欢把人比做一部推理机器：总能从一般性前提推导出具体的结论。但问题在于，除了那些极为简单的情况之外（比如说井字棋），我们根本不具备应对现实所需要的推理计算能力。事实上，人类总把自己伪装成超一流的辨识者，对一切都能辨别真伪，总喜欢高人一等，总觉得自己能发现别人看不到的潮流——由于过于自信，以至于导致我们所看到的潮流根本就是不存在的。抛弃理性决策，一切都会变得异常复杂。

投资本身是一种互动行为，是一种由概率事件主宰的活动，而且又充斥着各种各样的噪音。成功的决策要求投资者深谙心理学的真谛。遗憾的是，放之四海而皆准的法则是不存在的，在这个问题上，我们不可能一劳永逸，通过坚持不懈的努力去不断完善自己是唯一的途径，除此之外，我们别无选择。正如帕吉·皮尔森曾经说过的那样："我们生活中的一切都可以归结于精神和心志。"

# 第8章 斑马为什么不得溃疡

## *投资者的压力管理与次优化组合*

现实不止一次地告诉我们，当今世界日渐复杂，瞬息万变，人类必将无所适从，他们的应变能力也正在日渐枯萎。

——艾伦·格林斯潘（Alan Greenspan）

对于斑马来说，哪些因素最有可能给它们带来压力呢？毫无疑问，自然环境的残酷是斑马最担心的：一只狮子刚才一直在追捕你，但你成功地逃脱了，不过那只狮子绝对不会放过你，它还在四处寻找你，因为它的脑海里还萦绕着一顿丰盛的午餐。生物进化论告诉我们，和包括人类在内的大多数动物一样，斑马能对这种紧急事态做出非常有效的反应。

我们不妨再来勾勒一下那些在生活中能给我们带来压力的诸多要素。其中的很多因素也许和斑马有所不同。我们会发现，在这些让我们感受到压力的要素中，有相当一部分并非是有形的，而是心理上的，比如说即将到期的任务、你在上周新加入投资组合的股票业绩如何以及人际关系等。在很大程度上，我们面对的是来自心理和社会的压力。

在《斑马为什么不得溃疡》（*Why Zebras don't get ulcers*）这本颇具启发性的书中，著名的大脑研究和压力专家罗伯特·萨波斯基（Robert M. Sapolsky）为我们阐述了一个至关重要的论点：为了应对可以看得见的短期威胁，人体可以在心理上做出恰当的反应。这些威胁包括我们在生存中经常面对的所有威胁。但问题的关键却在于，我们所体验到的心理压力能触发同样的心理反应。尽管压力的来源是多种多样的，但我们所做出的反应却是相同的。周期性的心理压力可能

会导致人体失衡，进而诱发某些严重的健康和器质性问题。

在对外界压力做出反应的时候，我们会采取哪些措施呢？萨波斯基指出，我们所做出的反应“大多目光短浅，于事无补，而且是小事精明，大事糊涂，结果是因小失大”。我们动用大量的精力，不过是为了应对迫在眉睫的威胁。这种对压力做出的反应在处理紧急危机时或许有效，但是，如果我们每天都要面对这样的危机，其代价也就可想而知了。

## 基金经理经常得“溃疡”

研究表明，丧失预见力和控制力常常会给我们带来压力，而两者的共同之处在于“新”——新鲜事物的不断出现，必然会不断削弱我们的预见力和控制力。我认为，经济运行和基金管理行业的长期走势在很大程度上源于人们对丧失预见力和控制力的畏惧。

预见力的丧失反映了全球经济创新步伐的加快。例如，在构成 S&P500 指数的成分股中，企业的平均寿命已经从 20 世纪 50 年代的 25 ～ 35 年缩短到今天的 10 ～ 15 年（见图 8.1）。

在最近几年，企业的大起大落进一步加剧了市场的不可预测性。起伏跌宕的数字从另一个侧面让我们体会到市场可预见性的降低。自 20 世纪 70 年代以来，市场层面的变动性较为稳定，但企业风险却与日俱增。在过去的几十年里，虽然股票组合的变动并不明显，但时至今日，基金管理人选错股票的风险却高于以往任何一个时期。

控制力的丧失不仅反映在基金组合内部的变动上，同时也反映在所有权人对基金组合本身的估价上。股东和共同基金评级公司对基金经理的考评周期甚至还不到 90 天。此外，为了保全资产，很多基金经理一直在想方设法地缩小与市场基准收益率之间的跟踪误差。要管

理并缩小跟踪误差，就需要基金经理经常对比市场收益情况，这就意味着频繁的短期交易。在某种意义上，缩小跟踪误差对基金建立来说情有可原的，因为他们根本不清楚什么时候会丢掉现在的饭碗，因此，也就没有必要去关心投资组合在未来三年的表现了。但是，封闭型指数的投资表现对股东而言却远非理想。

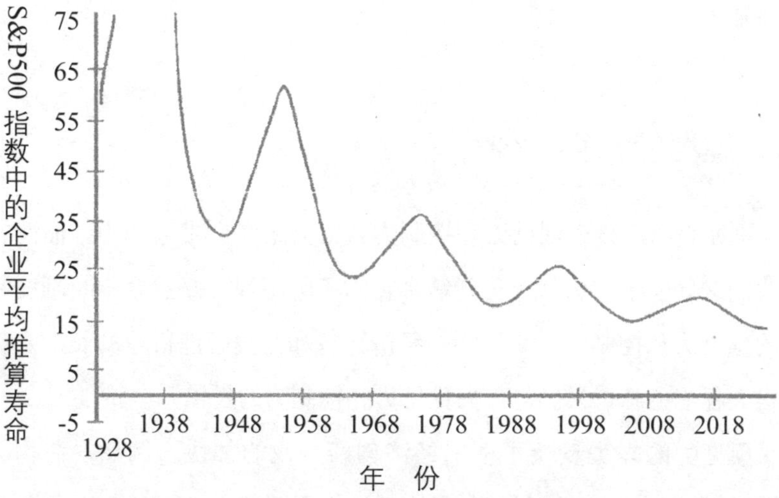


资料来源：Foster 和 Kaplan，《创造性毁灭》（*Creative Destruction*），第 13 页。经作者允许改编。

图 8.1 S&P500 指数中的企业平均寿命

事实上，对于投资者的心烦气躁，人们的顾虑由来已久。20 世纪 50 年代，共同基金的平均持有期限超过 15 年，但是到了 2004 年，平均持有期已经缩短到 4 年左右。养老基金的监管人也开始日渐频繁地雇用和解雇基金经理。例如，在 2001 年，佛罗里达州政府因安然事件解散了联合基金管理公司（Alliance Capital），尽管联合基金的长期收益一直非常可观。笔者认为，正是人们对不断丧失预见力和控制力的恐惧，才导致基金经理长期处于紧张的压力之下。面对如此压力，

人们所能做出的反应，也许会促使他们做出次优化的组合管理决策。

## 压力使你更关注短期目标

那么，人们对压力会采取何等形式的生理反应呢？我们会把一切精力和思维集中到一起，去应对此时此刻出现在面前的压力：血压会升高，身体把能量输送到最需要它的每一个组织和器官，记忆力突然会变得超强过人；另一方面，慢性器官则被置于次要地位，比如说免疫系统和生殖系统。

面对生理上的紧张性刺激，到底是关注于短期现实还是长期现实，也许关系到我们的生死存亡。只有在压力消失之后，我们才能恢复到均衡状态。但长期压力却有可能让我们始终处于高度警惕状态，从而抑制了人体的自然平衡。

这一点对于基金经理来说尤为重要，压力会促使他们过度关注短期目标。近期研究说明，和未来预期较大的收益相比，人们（和其他动物一样）更偏爱眼前较小的收获。例如，我们宁愿在今天只得到 1 个苹果，也不愿意用这个苹果去换取明天的 2 个苹果。如果这个互换期限足够长，比如说，一年之内只能在 1 个苹果和 2 个苹果之间做出选择，而不是 1 天，在这种情况下，为了实现回报的最大化，人们就会选择等待。因此，以牺牲更有吸引力的长期回报为代价来换取短期收益，对于长期投资者来说是一种次优化的选择。

那么，怎么才能判断基金经理的投资期限是否趋于短期化呢？投资组合的周转率就是最好的依据。在最近的几十年里，投资组合的平均周转率急剧增长，从 20 世纪 50 年代的 20% 左右增长到了今天的 100% 还要多（见图 8.2）。2004 年，1/12 的权益基金周转率超过 200%，3/10 的基金周转率超过 100%，1/3 的基金周转率低于 30%。

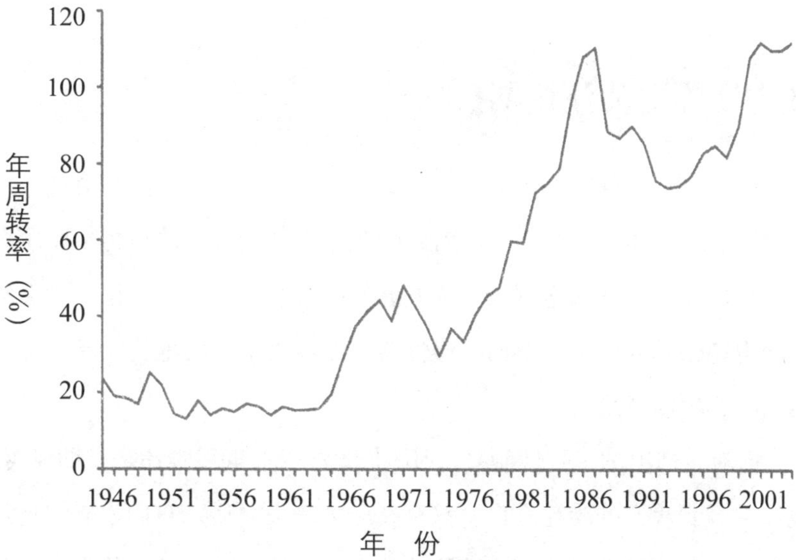


资料来源：伯格财务市场研究中心 (Bogle Financial Markets Research Center)。经作者允许改编。

图 8.2　共同基金的周转率（1946 ~ 2004 年）

“消极型”S&P500 指数基金周转率的上升以及佣金成本的下降都说明，今天，合理的周转率水平肯定要高于 40 年前。但大多数基金经理的投资组合周转过于频繁，由此必将导致交易成本、市场影响成本（Market Impact Cost）[①]以及税收成本的大幅增长。因此，我们可以说，短期化策略正在侵蚀着投资组合的业绩。

在高度竞争的基金管理业中，成本常常会成为决定基金业绩好坏

① 市场影响成本（Market Impact Cost）即隐性成本，投资者为完成一笔交易需要支付的隐性成本。它是交易过程中发生的间接成本，主要指当一笔大额买单或卖单进入市场时，股价可能发生相反方向的价格变化，导致投资者的买卖委托不能立即全部成交。此时，投资者只有提高买价或降低卖价以求全部成交，由此而增加的成本为市场影响成本。

的主导因素。因此，我们可以认为，高周转率和低相对回报率之间存在着必然的对应关系。

市场数据可以说明这一点。1997 年，晨星公司对美国股票基金的周转率和业绩进行了一次综合性研究。研究结果表明，低周转率基金在各投资期限区段内的收益均高于高周转率基金（见表 8.1）。该研究还表明，周转率有助于推动高风险基金的业绩，学术界的研究也证明了这一点。

**表 8.1 组合周转率及其长期业绩表现**

| 周转率（%） | 1 年期的年回报率（%） | 3 年期的年回报率（%） | 5 年期的年回报率（%） | 10 年期的年回报率（%） |
|---|---|---|---|---|
| ＜ 20 | 27.0 | 23.9 | 17.2 | 12.9 |
| 20~50 | 23.1 | 21.9 | 16.6 | 12.5 |
| 50~100 | 21.8 | 21.8 | 17.0 | 12.6 |
| ＞ 100 | 17.6 | 19.8 | 15.0 | 11.3 |

注解：数据截至 1997 年 6 月 30 日
资料来源：晨星公司。

截至 2004 年年底的最新数据揭示了同样的结果。相关分析证实，在过去的 1 年、3 年和 5 年内，周转率处于次低水平的基金组合（周转率在 20% ~ 50%）的收益率最高。

根据该分析，我们可以认为，对于积极型基金来说，最合适的周转率应在 20% ~ 100%。可以推定，周转率较低的情况（持有期从 18 个月到 5 年）似乎更适合于价值型基金，而周转率较高的情况（持有期从 12 个月到 18 个月）则适合于增长型基金。当然，这些指导性原则还需要在具体情况下具体分析。

## 做“尤利西斯”式的投资者

如果因为压力过大而影响身体健康，你可以去看医生，但你得到的处方很可能会如出一辙：寻求其他人的支持，积极锻炼，保证饮食健康。那么，如何缓解基金管理承受的压力呢？唯一的处方就是想方设法放远眼光，以获取长期收益为出发点。

在尤利西斯[①]的身后，有一群忠实的水手，时时刻刻保护着他，让他免受海上女妖莎琳[②]的诱惑，从而牢牢把握自己的战舰。同样，那些深感预见力和控制力正在不断远离自己的基金经理们，也常常会在现实的利诱下去追逐短期利益。和尤利西斯一样，要实现长期基金业绩的最优化，他们也需要采取必要的措施，集中精力去寻求长期成功。如果说压力源于心理作用，解铃还需系铃人，心理方法自然是应对心理压力的利器。

---

① 尤利西斯是荷马史诗《奥德赛》中的主人公，曾指挥特洛伊战争。

② 海上女妖莎琳指半人半鸟的海妖，常用歌声诱惑过路的航海者而使航船触礁毁灭。

第9章

# 在特百惠家庭聚会上学投资

## *影响投资者行为的心理因素*

任何一个熟悉特百惠家庭聚会操作模式的人，都会认识到影响力的无处不在，无所不能。

——罗伯特·西奥迪尼 (Robert Cialdini)

《影响力》(*Influence*) 作者

特百惠……在我看来，他们所创建的营销方式，就像是一种以心理操纵为手段的侵蚀剂。但这种方法却大行其道，而且活力不减。几十年以来，特百惠已经通过家庭聚会卖出了几十亿美元的商品。

——惠特尼·蒂尔森 (Whitney Tilson)

《查理·芒格名言》(*Charlie Munger Speaks-Part2*) 作者

## 皮鞋锃亮的奥秘

在我们的旧办公楼附近有一家鞋店，橱窗里一直挂着免费擦鞋的广告。我曾经十几次光顾这家鞋店，却从来没有想过擦鞋。但有一天，我觉得自己的皮鞋似乎有点磨损，而且恰好又有时间，于是，我决定占一点不花钱的便宜。

擦完鞋之后，我准备送给擦鞋工一点小费，但他却拒绝了。他说，免费就是免费，绝对不会再收任何钱。我从椅子上站起来，心有愧意，似乎有种歉疚感。我心想："这个人为什么给我擦鞋但却不想索取任何回报呢？"

于是，我做了大多数人可能都会做的事情：在店里转一圈，看看有没有自己能买的东西。但不管怎么说，我还得权衡一下，因为我毕竟不需要鞋。我漫无目的地在皮鞋、鞋带和鞋油里搜索着，最后依然是两手空空地走出鞋店，但心里却感到忐忑不安。尽管我还是绞尽脑汁地没花一分钱就逃掉了，但我相信，很多人不会像我这么幸运。

无论是投资还是生活，都存在着一个很有趣的话题：人为什么会做出某种行为呢？那次让我狼狈不堪的免费擦鞋经历至今让我记忆犹新，就在几个月之后，我看到了罗伯特·西奥迪尼所著的《影响力》，这本书从几个方面回答了这个问题。

在过去的30年中，西奥迪尼一直在研究诱使人们采取一种特定的行为变化：有求必应。西奥迪尼认为，人类行为的六种固有属性，促使人们习惯于对他人的请求做出积极回应。所有这些属性都是我们认识生活的前提，而某些属性对投资者而言尤为重要。

在拜读罗伯特·西奥迪尼的《影响力》时，我才意识到，那家鞋店实际是利用了人类行为的基本原则：互惠法则。如果有人对你付出，你就会感到自己必须投桃报李。如果你想充分利用这种人类固有的属性，就应该学会抛砖引玉，先对别人施以小恩小惠，再寻求更大的回报。用2美元的擦鞋换来价值200美元的压花皮鞋，这笔交易绝对划算。

下面，我们再结合特百惠推销员在家庭聚会上的推销方式，简要介绍一下这六种属性，并就其中对投资者来说最重要的三种属性进行着重探讨。

## 亲情也可以赚钱

这里，我们将对如下六种属性加以简述：互惠、投入与趋同、社会认同、偏好、权威和稀缺性。尽管西奥迪尼并没有在书中予以强调，但是我认为，这些属性都可以在进化心理学中找到深层次的根源。每一种行为都有可能在人类进化过程中发挥着不可替代的作用。

互惠性（Reciprocation）。研究表明，在人类社会的任何一个群体中，互惠互利都是最基本的权责概念。而企业更是把这个原则发挥到了极致，从慈善组织免费发放的宣传页，到房地产公司提供的免费房屋评估报告，无所不包。

投入（Commitment）与趋同（Consistency）。一旦做出决策，尤其是在已通过公开方式对这一决策做出验证的情况下，我们就会强迫自己去改变原有观念。对此，西奥迪尼提出了两个深层次的原因。

首先，趋同性可以让我们不再继续思考眼前的问题。这就为我们提供了一个在心理上得到喘息的机会。其次，趋同性可以让我们不需要对原因带来的结果承担责任。也就是说，我们必须去改变自己。前者让我们不必去思考，后者让我们不必去行为。

**社会认同（Social Validation）**。人的决策方式之一就是观察他人的决策。在这个问题上，最著名的例证来自心理学家所罗门·阿什（Solomon Asch），他把8个人关在一个房间内，然后向他们演示一张画有不同长度竖线的幻灯片。然后，他让全体对象指出哪条线与其左边的线在长度上最接近（见图9.1）。答案是显而易见的，但是，阿什依次要求其中的7个人给出同一个错误答案，唯独只有一个人需要独自去找出这条线。

这个试验让这些原本聪明伶俐的大学生们感到迷惑不解，以至于竟然有1/3的人接受了多数人的观点，尽管这一答案的错误几乎是不言自明的。虽然试验本身有些极端，但却可以形象地揭示：我们都在不遗余力地寻求与多数人保持一致。

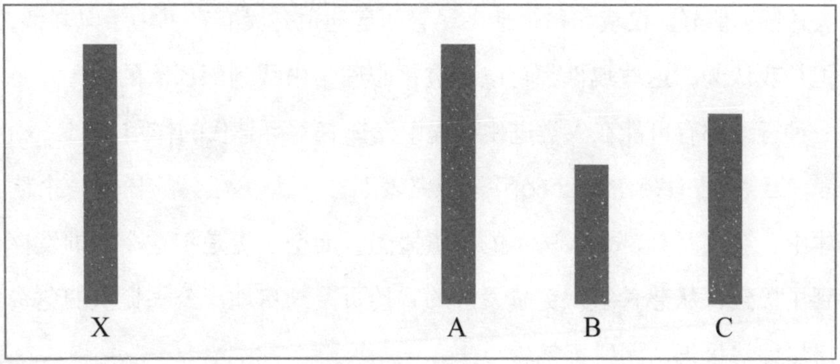


资料来源：笔者根据阿什的“群体压力对个体判断转化与扭曲的影响”（*Effects of group pressure upon modification and distortion of judgments*）绘制。

图9.1　所罗门·阿什的试验

偏好（Liking）。我们都想对自己喜欢的人点头称是。对于和自己有相似之处、喜欢恭维自己或和自己并肩合作同时又不乏吸引力的人，我们总会心存爱意。

权威（Authority）。在一个最富启发意义、同时也最令人困惑不解的试验中，美国哈佛大学的心理学教授斯坦利·米尔格兰姆（Stanley Milgram）①让试验对象扮演成“教员”出现在“学员”面前。他们向“学员”提出问题，同时，一个严厉尖刻的督导要求扮成“教员”的试验对象对回答错误的学员采取电击作为处罚。这些学员会疼得大声尖叫，为了避免遭受更严厉的惩罚而求饶。尽管没有强迫这些试验对象采取任何措施，他们也不会因此而遭受任何报复，但他们却无一例外地实施了电刑。在这个试验中，所有学员都是专业演员，而且电刑也是假的，但是，米尔格兰姆的发现却现实得近乎冷酷：在权势面前，理性将会变得孱弱无力。在这里，真正能说明问题的同样是行为。当权者往往是圈内的先知，他们的判断永远是正确的，但是，趋炎附势往往会让我们做出不恰当的反应。

稀缺性（Scarity）。大量证据表明，那些真正稀缺或是被认为稀缺的物品或信息，往往对我们更有吸引力。对于企业来说，可以通过在特定时限范围内提供产品或服务，达到人为创造这种属性的目的。

这些属性的力量是异常强大的。但是，当这些属性同时从蛰伏中醒来的时候，就会产生不可抗拒的威力，从而创造出查理·芒格所说的“出类拔萃效应”（Lollapalooza）。

① 为描绘个人与群体之间的人际联系，米尔格兰姆在1967年进行了一次试验，并通过这次试验提出了六度分隔(Six Degrees of Separation)现象，又称为“小世界现象”，该现象可通俗地阐述为：“你和任何一个陌生人之间所间隔的人不会超过6个，也就是说，最多通过6个人你就能够认识任何一个陌生人”。“六度分隔”现象说明了社会中普遍存在的“弱纽带”，它在社会关系中发挥着强大的作用。

## 特百惠家庭聚会的启示

尽管难登大雅之堂，但这个被《纽约时报》称为重返纽约市富庶郊区“复仇”的特百惠[①]家庭聚会，却把“出类拔萃”效应发挥得淋漓尽致。

事实上，特百惠家庭聚会正是充分利用了上述六种属性中的四个。但这四个属性就已经足够了：这些家庭“顾问”每年可以为特百惠带来约 10 亿美元的销售收入。

特百惠的第一个武器是互惠原则。最早的聚会上设有猜字游戏，猜中的参加者将获得可以用来“购买”免费样品的代金券。此外，主办人还鼓励每一名参与者把自己使用特百惠产品的体会讲给大家。这相当于“投入”的证据。一旦有人购买了他们的产品，此后的每一次购买行为都会说明：别人也需要他们的产品。这就为购买者提供了最基本的社会认同。

在特百惠的成功秘诀中，真正称得上重中之重的，则是竭尽所能去讨好你喜欢的人。他们的订单并非出自陌生人之手，而是来自朋友。特百惠的销售手册建议销售员采用“感受、感知和发现”的方法，在突出产品特色的同时，通过情感移植强调偏好的类同。

如果把这些效应融合在一起，我们就不难看出，在最初的时候，为什么会有那么多人想方设法地逃避特百惠的家庭聚会，因为他们知道，一旦成为参与者，除了掏腰包之外恐怕别无选择。例如，《时代》杂志曾经提到过，一位参与者花掉的钱“远超过自己的计划”，毫无疑问，“出类拔萃效应”已经让她失去了理智。

---

① 特百惠是一家生产销售塑料家居用品食物储存盒的美国公司，该公司以家庭聚会的方式，由主持聚会的人邀约朋友上门，并在家中示范及推销这种保鲜盒。

## 下注后，信心为何突然大增

投资者需要高度关注那些影响其行为的因素。在西奥迪尼归纳的六种属性中，有三个与投资密切相关，它们分别是：投入与趋同性、社会认同以及稀缺性。

心理学者发现，一旦下赌人在赌博中下注之后，他们就会在突然之间信心大增，事实上，仅仅是在下赌之前，他们还有可能犹豫不决。每当我们做出一个决策，马上就会感到，难以抗拒的内外部压力迫使我们不自觉地去依附于这个决策，尽管随后的证据也许会告诉我们：最初的决策也许不尽合理。

因此，如果一个投资者持有某一股票，并在各种公开场合大肆推荐这种股票，或是鼓励同事加入自己的行列，他就会体会到：坚持自己的主张是唯一正确的方向。和这种属性相关的是验证陷阱：决策之后，我们总是对支持性证据网开一面，而对否定性证据却置若罔闻。要抑制趋同性效应的影响，一种有效的方法就是联系概率从多方位看待我们的世界，而不是从某一个孤立的视点去思考问题。承认多样性的存在，可以为我们在适当情况下转变观点提供一个心理上的保护。

至于社会认同效应在投资领域的作用，我们有大量文献作为参考。从本质上看，投资就是一种社会性的行为，因此，投资者必然会自觉、不自觉地遵循社会潮流。接受意识观念的多样性，尊重极端性估价的合理性，也许会有助于抵消社会认同效应带来的消极影响。

最后一点，稀缺性对投资同样也发挥着重要作用，尤其是在影响企业高管的观念方面，发挥着巨大的作用。投资者最关心的，自然是寻求稀缺性的信息资源。在这个问题上，最大的挑战莫过于如何区分哪些是真正稀缺的信息，哪些不是。此时此刻，我们所做的就是对市场预期实施反向工程。换句话说，就是通过逆向推导，认识市场的现实。

第10章

# 决策中的情感与直觉

## 管好你自己

人们对行为和技术进行判断的基础不仅在于所想，还取决于所感。对于所青睐的行为或技术，我们会先入为主地低估其风险，高估其收益；反之，我们则会做出相反的判断——高风险和低收益。按照这样的模式，结果不仅先于风险收益的判断，甚至可以指导和决定我们的判断。

——保罗·斯罗维奇（Paul Slovic）等
《风险分析与风险情绪》作者

如果没有以情感为主要表达方式的生物调控机制为导向，无论是对于人类的整体进化还是个人，推理能力都不可能得以发展。此外，即便是经过日积月累而形成的推理策略，它们的真正效能依然有赖于情感的流露与表达。

——安东尼奥·达马西奥 (Antonio Damasio)
《笛卡儿的误差》（*Descartes' Error*）作者

## 意识与潜意识的对决

神经学家安东尼奥·达马西奥在研究初期就已经意识到，传统的推理观点必然是错误的。他曾经看到过这样一个病人，所有与推理行为有关的功能秋毫无损，比如说注意力、记忆力以及逻辑判断能力等等。但是，脑部损伤却导致该人无法进行正常的情感表露，使他根本无法对日常生活做出合理的决策。达马西奥为我们揭示出其中的关联：不完整的情感和不完善的决策总是相伴而行。

通过此后的研究，达马西奥进一步验证了自己的结论。他让所有试验对象戴上皮肤传导反应仪，达马西奥让他们分别从四张纸牌中翻开一张牌；两张牌代表赢钱，两张牌代表输钱。当试验对象翻开纸牌的时候，达马西奥让他们谈谈自己此时此刻的想法。在经过 10 轮试验之后，在翻开代表输钱的纸牌之后，试验对象就会表现出特定的物理反应。大约进行 50 轮之后，试验对象开始对四张中的两张表现出明显的预感，又进行 30 轮之后，他们就可以对自己的预感做出解释。

这个试验从两个方面揭示出决策过程中的两个关键点。首先，潜意识对未来动向的感知能力先于意识；其次，即使试验对象不能对未来事件做出合理预期，也会产生下意识的物理反应，并通过反应引导自己的决策。在对脑部损害患者重复进行上述试验的时候，达马西奥

却没有观察到任何类似的反应。皮肤传导反应仪和口头询问均证实，无论是在意识层次还是潜意识层次，这些患者对未来发生的事件都可能一无所知。

## 直觉，反映表面印象的判断

在获得诺贝尔经济学奖的论文中，丹尼尔·卡尼曼为我们描述了两个决策系统。系统 1 是一个试验性系统，该系统“反应迅速，自发运行，轻便省力，相互联动，但却难以控制或调节”。系统 2 则是一个分析性系统，“反应缓慢，序列式运行，艰难费力，但却控制精准”。表 10.1 是两个系统的对比。

在卡尼曼的模型中，系统 1 通过感知和直觉对事物产生印象。这些印象具有自然性和偶然性，而个体也许根本无法通过语言来描述这些印象。同时，他又进一步指出，在系统 2 中，不管个体是否以公开形式做出决策，都要涉及各种形式的判断。直觉是一种反映表面印象的判断模式。卡尼曼的研究结果（与阿莫斯·特沃斯基合作进行）通过古典经济学理论，为我们揭示出如何通过印象形成判断。

由此可见，上述论据可以说明，我们根本就不可能把情感（系统 1）和决策（系统 2）截然分开。事实上，正如达马西奥的研究所显示的那样，要合理做出决策，就必须保证系统 1 能正常运行。从投资者的立场看，这里存在着两个关键问题：影响印象的是什么，以及这些印象如何决定我们对风险和收益的认识？

## 伟大的投资家不会为情所困

决定印象的主要因素之一是精神病学家所说的“情感”（Affect）。

情感是我们在刺激基础上体会到的“好”或是“坏”。例如，“财宝”之类的词一般会让我们产生积极的情感，而“憎恨”之类的表达方式则会让我们产生消极的情感。

情感的作用存在于系统1的范畴中，因此，情感的作用是短暂、自发的。情感常常以合理的方式引导我们产生对事物的印象：让我们感到舒适的大多数事物都是“好”的。但是，其他启发性或经验性的

表 10.1　试验性系统和分析性系统的对比

| 试验性系统 | 分析性系统 |
|---|---|
| 1. 经验启发性 | 1. 分析性 |
| 2. 以情感体会为主：以快乐感/痛苦感为基础（哪些事物的感觉更舒适） | 2. 以逻辑为主：以理性判断为基础（哪些事物合情合理） |
| 3. 以联想的方式看待事物之间的关联 | 3. 以内在逻辑看待事物之间的关联 |
| 4. 行为以既往经历的“感触”为基准 | 4. 根据对事件的意识型评价对行为进行调节 |
| 5. 以有形的形象、引喻或叙述来描述现实 | 5. 以抽象的象征、文字或数字来描述现实 |
| 6. 处理过程更为快捷：着眼于当前行为 | 6. 处理过程更为缓慢：着眼于未来行为 |
| 7. 变革更为缓慢：变化依赖于重复性经历或剧变性经历 | 7. 变革更为迅速：其变化依赖于思维的转换速度 |
| 8. 差异化更自然、更肤浅：包含较为一般的归纳性元素；思维趋于格式化 | 8. 高度差异化 |
| 9. 结合形式更自然、更肤浅：具有孤立性，富于情感化 | 9. 高度一体化：相互贯通，相互依存 |
| 10. 体验具有被动性和超前意识性：情感主宰一切 | 10. 体验具有主动性和意识性：思想主宰一切 |
| 11. 自我验证，自我辩护：“体验说明一切” | 11. 所有验证都依赖于逻辑判断和证据 |

资料来源：爱泼斯坦（Epstein），《认知经验的自我理论》（*Cognitive-experiential self-theory*）。经作者允许后摘录。

情感则有其偏颇之处。投资者一定要当心情感带来的偏见。

可以说，情感是前景理论最有价值的引申。按照前景理论，投资者在面对收益时具有风险规避倾向，而在面对损失时则具有风险偏好倾向。试验表明，我们对金融市场上投资机会的感受和体会等情感可能会放大因前景理论而造成的次优化偏差（见图 10.1）。

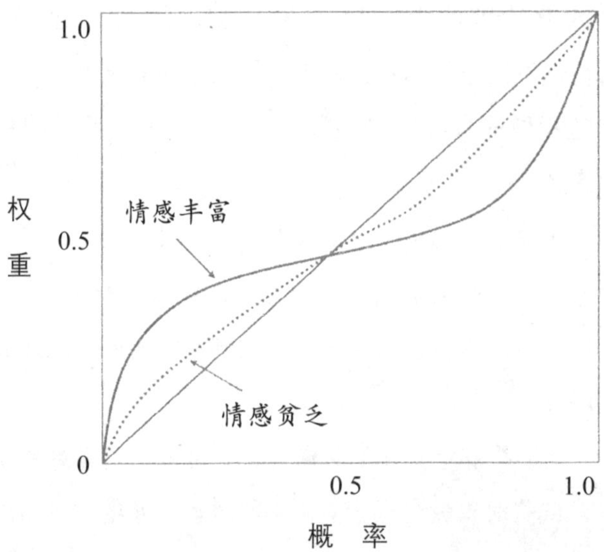


资料来源：约维尔·罗腾斯特里奇（Yuval Rottenstreich）和奚恺元（Christopher Hsee），《金钱、亲吻和电击：论风险的情感心理学》（*Money, kisses, and electric shocks: on the affective psychology of risk*）。经 Blackwell 出版社允许后摘用。

图 10.1 风险的情感心理

下面，我们再来具体讨论一下这个问题。投资者最基本的目的就是要购买市场价格低于期望值的资产，而期望值则是全部可能性结果的加权平均值。我们用既定结果的回报数额乘以出现该结果的概率，计算出期望值。

针对情感进行的研究揭示出两个有关期望值的核心原理。首先，

当一个机会的预期结果不具有强烈的情感意义时，我们倾向于高估出现该结果的概率。其次，当结果确实具有较强的情感意义时，我们会倾向于高估结果。[①]

保罗·斯罗维奇通过一个简单的试验对第一个原理，即概率主导论进行了检验。他让试验对象对多个概率（7/36、14/36、21/36 和 28/36）和回报（3 美元、6 美元、9 美元和 12 美元）进行交叉组合，并对配对形成的 16 个赌博结果进行评价。他发现，尽管这些试验对象也想平等对待这些概率和回报，赋予它们以相同的权重（而且他们认为自己就是这样做的），但是在实际上，他们对概率给予的权重却是回报权重的 5 到 16 倍。

研究人员由此得出结论：由于回报本身缺少情感意义，因而，试验对象无从对回报的吸引力加以判断，进而导致他们更多地依赖于概率。在其他领域，科研人员也找到了概率主导论的例证，比如针对紧急抢救措施的研究。

相比之下，当回报非常具体的时候，也就是说，回报本身具有足够的情感意义，试验对象就会减少对概率的依赖，而增加对结果的重视和强调。例如，研究人员发现，在购买彩票时，无论中奖概率是千万分之一还是万分之一，彩票购买人对概率的感受都是一样的，因为在他们看来，重要的是巨额的回报，回报数额本身的吸引力足以让他们对概率不再关注。这也可以说明，在获奖几率微乎其微的赌马中，赌马人为什么总会高估获胜的概率，以及人们为什么会害怕坐飞机。

在这里，关键的问题在于：当投资者认为一个投资建议可以接受的时候，他们就会认定投资风险足够低，而投资回报足够高，而根本不再考虑实现收益的概率有多大。反之，当投资者认为投资建议不可

① 似乎可以用效用理论解释这句话，当人们认为事物的效用较大时，由于这种事物对人会产生相对较大的影响，因此，人们倾向于放大这种事物的幅度。

接受的时候，他们就会先入为主地作出相反的假设：高风险，低收益。伟大的投资者绝对不会为情所动。平凡与伟大之间的差异，也许就是系统 1 的作用结果吧。

## 当经验不再可信的时候

我们的经验体系基本上能发挥其特有的作用。但是，它们在什么时候会出现问题呢？

当经验体系为外力所操纵时，就有可能会出现失灵，最典型的一个例子就是广告。广告商总是通过广告中丰富多彩的生动形象，想方设法去抓住我们的眼球，触发我们的情感。因此，每当我们需要对概率和结果做出权衡的时候，一定要当心我们对结果的感受以及外界促使我们形成的感受，千万不要让感觉掩盖了客观的概率。

同样，经验体系也不适用于非线性系统或非静态系统。在非线性系统中，原因和结果之间并不存在直接而清晰的对应关系。因此，结果很有可能是极度反直觉的。而在非静态系统中，系统的基本统计特征随时间而变化，也就是说，利用过去可以很好地预测未来。股票市场就是一个同时具有非线性和非静态性的系统。由此可见，投资者在对期望值进行判断的时候，必须采取一种高度规范、高度自觉的方法。

## 个体情感与市场情感

当我们通过情感外推去认识市场的无效时，就必须采取谨小慎微的态度。每个人都有自己独特的个人经历，因此，我们对情感的体验也不尽相同。市场是一个由个人观念组成的集合体，因此，只要这些由情感因素引起的偏差不相关，市场就可能是有效的。

在西方社会，区分情感与理性曾经是一个非常重要的观点。但科学的发展却告诉我们，这样的区分不仅是不可能的，而且也是不值得提倡的。尽管成功的投资需要我们清晰地认识概率和回报，但随着时间的推移、经验的积累，正确领悟情感的投资者必然更有可能做出更合理、更完善的决策。

科学的发展告诉我们，情感与理性的区分，不仅不可能，也不值得提倡，正确领悟情感的投资者必然更有可能做出更合理、更完善的决策。

第 11 章

# 如果散户不再跟风与模仿……

## *孔雀鱼的爱情与择偶*

当人们可以随心所欲地选择自身行为时，他们往往会相互模仿。

——埃里克·霍佛尔（Eric Hoffer）

《真正的信仰者》（*The True Believer*）作者

## 孔雀鱼是如何择偶的

动物行为学家李·杜加特金（Lee Dugatkin）似乎是一个无所不知、无所不晓的家伙。他的研究主题居然是雌性孔雀鱼择偶这样一个深奥无穷的问题。按照他的研究结果，雌性孔雀鱼对亮橘黄色雄性孔雀鱼存在着一种基因上的偏好。但是，当杜加特金让一些雌性孔雀鱼观察其他雌性孔雀鱼选择淡色雄性孔雀鱼的时候，这些处于观察方的雌性孔雀鱼也会选择淡色雄性孔雀鱼。令人百思不得其解的是，在很多情况下，处于观察方的雌性孔雀鱼会做出有悖于其本能的行为——选择去模仿其他雌性孔雀鱼的行为。

我们为什么关心雌性孔雀鱼怎样选择伴侣呢？要回答这个问题，就难免要追溯到这样一个历史悠远的争论上：动物的行为到底是否仅依赖于基因，或者说，文化是否在其中发挥着一定的作用呢？杜加特金的研究表明，作为文化传播的一种方式，动物世界中也存在极其明显的模仿现象，模仿在物种进化过程中发挥着核心作用。

可以肯定的是，模仿也是人的生命力的一种表现形式。时装、时尚和传统无不是模仿。既然投资的本质也是一种社会活动，因此，我们也就有十足的理由认为，模仿在市场中同样发挥着重大的作用。绝大多数投资者和经营者都有决定自身行为特征的基本理念——这就如

同是决定孔雀鱼择偶标准的基因。但我们也知道，无论是对于基金经理还是孔雀鱼，模仿在某些时候会对决策会产生巨大的影响。那么，对于投资者而言，模仿到底是好是坏呢？

## 失控的雪球与逆向套利

和其他分散系统一样，一个功能完善的金融市场也需要在正反馈和负反馈[①]之间建立起一种健康有效的均衡。负反馈是一种稳定性因素，而正反馈则有利于推动和加剧变革。任何一种类型的反馈过多都有可能导致系统失衡。

在市场范畴中，最典型的负反馈事例就是套利。事实上，对有效市场而言，套利是一个核心性支点。例如，如果一种有价证券的市场价格偏离其合理价格时，套利人就会买入或卖出一定数量的这种有价证券，这就会缩小价格与价值之间的差额。负反馈的本质就是通过逆向作用而阻碍变化。

另一方面，正反馈的作用则是顺运动方向继续推动原有变化。滚雪球效应、瀑布和放大器都是正反馈的具体事例。尽管投资者经常认为正反馈是他们不愿看到的，尤其是正反馈造成失控现象时更是如此，但现实生活也并非一贯如此。

正反馈在什么情况下会造福于投资者呢？当然有这样的情况，它可以帮助投资者做出明智合理的决策。例如，在一个新兴行业中，最早进入的投资者可能会鼓励其他投资者跟进，从而实现整个行业的增长。正反馈还有可能让一个体系摆脱困境。在自然界里，“紧跟同伴”

① 正反馈和负反馈是系统论的术语。在金融市场这一系统中，正反馈是指各种推动性因素，它有利于推动和加剧金融趋势和变革。负反馈指各种稳定性或调节性因素，它通过反向的作用而阻碍当前趋势和变革。

的策略可以让群鸟逃脱掠夺者的迫害；同样，它也能帮助投资者尽早逃离厄运，摆脱不利投资的侵扰。

## 凯恩斯的处世哲学

模仿是正反馈的主要机理之一。例如，动量投资（Momentum Investing）假设目前正在上涨的股票将继续上涨。如果有足够数量的投资者采取惯性策略，高价格预言将在自我实现机制的作用下成为现实。大多数投资者对纯粹的模仿行为持怀疑态度，因而经常会刻意掩饰自己的模仿性行为。不妨看看以下的几个例子：

> 不对称信息。当其他投资者对某项投资比你知道的信息更多时，模仿很可能是最可取的方法。我们往往在日常决策中通过模仿来汲取他人的专业化知识。
>
> 代理成本。很多基金管理公司需要在投资组合业绩最大化（长期的绝对收益）和经营规模最大化（通过吸收资金和扩大费用支出）之间进行权衡。如果一个公司选择业务规模的最大化，那么，它就会有足够的动机去做别人正在做的事情。通过这种模仿，可以保证与基准之间的跟踪误差达到最小化。
>
> 一致性偏好。凯恩斯曾经说，“处世哲学给我们的教诲是，即使循规蹈矩地去失败，也比打破常规的成功更有颜面。”人的本性就是愿意成为群体中的一部分，因为群体总能给个人带来庇护和安全感。

因此，正反馈在某些情况下同样是值得期待的，投资者的模仿自

然有其现实意义。但过度的正反馈也可能会带来问题。

金融经济学家把模仿现象生动地描述为“羊群效应”：大批投资者是依据对他人的观察而做出选择，而不是根据自身的知识。事实上，一旦正反馈占得上风，就会出现羊群效应。由于市场需要在正反馈和负反馈之间保持平衡，因此，失衡必然会导致市场失效。这与投资者仅依赖基础信息进行交易的传统观点形成了鲜明对比。

到底多少正反馈才算多呢？这也许是一个永远也不可能找到答案的问题。大量有关创新和理念传播方面的研究表明，任何事情都存在一个临界极限，或者说引爆点，一旦超过这个极限，正反馈及其所代表的趋势将主宰整个系统。经济泡沫及其破灭的频繁发生告诉我们——价值与价格之间的分离是永恒的现象。

市场并非是唯一能体现次优化模仿的分散性体系，蚁群就是一个令人称奇的范例。小群的工蚁有时会和蚁群失散，由于工蚁基本没有视力，因此，任何一只蚂蚁都不知道该怎样去确定其他蚁群的位置，在这种情况下，所有蚂蚁就只能采取相同的策略：跟着前面的蚂蚁。如果有足够数量的蚂蚁采取这一策略（也就是，在数量上达到临界极限），这些走投无路的蚂蚁就会形成一个圆圈，它们相互跟随，形成一个无休无止的封闭路径，直至死亡（见图 11.1）。研究人员曾经发现一个这样的蚁圈竟然持续了 2 天的时间，周长达到 1 200 英尺，蚂蚁爬完一圈需要 2.5 个小时的时间。最终，也许有几只工蚁独出心裁，脱离原轨，于是，蚁圈才渐渐散却。

当然，蚂蚁之间的模仿完全是一种固化的本能行为，而不是文化意义上的行为。相比之下，投资者却有能力进行独立的思维。但查理斯·麦基在 150 年前说过的话至今让我们记忆犹新：避免模仿陷阱是一个历史悠久的问题。“人云亦云会让人自得其乐；但我们会发现，人云亦云也会让人发疯，而只有理智才能让人从盲从中渐渐苏醒。”

资料来源：笔者整理。

**图 11.1 蚁群形成的蚁圈**

## 索罗斯是钓孔雀鱼的高手

作为最杰出的投资家之一，乔治·索罗斯（George Soros）曾经明确指出正反馈在投资理念中的作用。索罗斯的反身性（Reflexivity）理论主张，企业的股票价格与其基础信息之间存在着正反馈关系，这种反馈既有可能催生繁荣，也有可能招致破产。索罗斯的对策是通过买进或卖出股票来利用这种趋势。

大量金融文献揭示了存在于投资者中间的“羊群效应”现象：

**共同基金**。拉斯·沃莫斯（Russ Wermers）阐述了共同基金中存在的羊群效应，这种现象在小盘股和增长型基金中尤为常见。他发现，在出现羊群行为的股票中，被买入的股票在随后 6 个月的表现要强于被卖出的股票。

**市场分析员**。艾娃·维尔奇（Ivo Welch）指出，卖方分

析师的买入或卖出建议将在很大程度上对未来两年的投资建议产生积极影响。但是，这些分析师在提出投资建议之前往往要环顾左右而后言。

肥尾（Fat Tails）。通过简单的羊群模型，经济物理学家已经复制出我们在市场中通过实证方式所看到的胖尾型价格分布。和那些假设投资者具有理性的模型相比，这显然更具有说服力。

在市场中，正反馈和负反馈之间的共生性关系似乎更常见。如果所有投机者都试图扰动价格，他们就会买高卖低，但市场会马上消灭这些投机者。此外，以稳定价格为目的的套利也会在市场中扮演重要角色。但也有证据表明，通过正反馈有可能在短时间内操纵股票价格。因为模仿会促使投资者偏离自己所遵循的基本投资策略，而且有可能为我们认识风险提供某种重要的暗示。所以说，当你下一次买卖股票的时候，不妨先想想孔雀鱼是如何择偶的。

第12章

# 行为金融学的“BUG”

## *滥用行为金融学可能招致错误*

通过个体实现的最优化往往是实现竞争均衡的手段，但这种最优化措施对于现实经济中的平衡而言，却并非是必不可少的。同样，即便我们未能在复杂的任务中达到最优，也不能因此而认为：从竞争模型推导而来的平衡毫无借鉴意义。我们可以看到，即便是在复杂的经济系统中，也可以通过一系列针对行为的弱势假设实现这种平衡。

——安东尼·伯希－多米尼奇（Antoni Bosch-Domènech）
希亚姆·森德教授（Shyam Sunder）
《追踪无形之手》（*Tracking the Invisible Hand*）作者

经济学怎么能脱离行为呢？离开了行为判断，经济学还有什么意义呢？

——查理·芒格（Charlie Munger）

## 悔过推论法

古典经济学理论假设所有个体都具有相同偏好，对市场洞察秋毫，掌握的信息具有完全性，并理解其决策带来的结果。简而言之，人的行为是理性的。任何人都不会真正相信存在这样的理想状态。事实上，大量的实证研究和案例都表明，人并非是绝对理性的。正是理论与实践之间的这种差距，才造就了一个新兴领域——行为金融学。行为金融学研究者的使命在于，构建古典经济学和心理学之间的桥梁，解释人和市场行为的方式和原因。

行为金融学为投资者提出了两个重要的问题。首先，在市场行为非理性的情况下，能否对这种非理性的市场行为进行系统性的剖析呢？其次，作为一名投资者，如何避免次优化的市场决策呢？行为金融学的目的在于缩小实际决策方式与理想决策方式之间的差距。

毫无疑问，行为金融学对于理性投资者来说是至关重要的。但是，行为金融学也有可能会成为很多错误思想的保护伞，即便是业内的大师级人物也不例外。滥用行为金融学的概念不仅会让我们无法认识心理学在投资中的作用，而且还有可能带来很多问题。

那么，问题的关键到底何在呢？我们可以把很多错误思维的本质表达为如下的三段论：

人是非理性的

市场是由人构成的

因而市场是非理性的

从这个逻辑序列可以引申出行为金融学的一个重要结论。著名的行为金融学学者郝什·舍夫林（Hersh Shefrin）曾经写到：行为金融学假设，经验启发型偏差（Heuristic-driven Bias）[①]和边框效应 (Framing Effects)[②]。按照这一假设，我们可以轻而易举地推断出这样一个简单（而且略显直觉化）的结论：非理性个体的集合必然会造就非理性的市场。

因此，要认识其中的缺陷，我们就需要从个体和集体两个层次上来考虑投资者的行为。集体行为揭示了群体中的潜在非理性行为。而个体行为则探讨这样一个事实：任何人都会不可避免地落入某些心理陷阱，包括过度自信（Overconfidence）、定位和调整（Anchoring and Adjustment）、非合理框架（Improper Framing）[③]、非理性恶性增资 (Commitment Escalation)[④]以及确认陷阱 (Confirmation Traps)[⑤]。

在这个问题上，我的主要观点是：即使投资者个人非理性的话，市场仍然有可能是理性的。投资者的充分多样化是有效价格形成过程的一个基本特征。如果投资者的决策规则具有充分的多样性，即便这些决策规则本身是次优化的，依然有可能消除总体决策中的偏失，从而使市场获得相宜的价格。同样，如果决策规则丧失多样性的话，市

① 经验启发型偏差指理性决策者在正常决策的时候，会参照以往经验。但经验本身并非完美，因此，运用经验进行决策就很容易出现偏差。

② 边框效应指人们对一项决策的后续决策会被初始决策的成败所框定可能会导致市场价格偏离基础价值。

③ 非合理框架指对初始决策做出不恰当的选择或解释。

④ 非理性恶性增资指企业对一个失败的投资项目继续投入资源的行为。

⑤ 确认陷阱指只关注能确认其先前观点的证据，忽略那些不能确认这些观点的证据。

场就会变得脆弱不堪，而且很容易会受到无效运作的侵扰。

因此，真正的问题并不在于个体本身是否具有理性，而是在于他们是否会在同一时刻出现同种方式的非理性。所以说，认识个体行为的偏失可以完善我们的决策，而认识集体的运行机制则是超过市场基准收益率的一个关键要素。但行为金融学的鼓吹者们却往往不能意识到个体和集体之间的差异。

## 套利的风险与不可能赚钱的游戏

行为金融学专家强调多样性在价格形成过程中的作用。安德烈·施莱弗尔（Andrei Shleifer）在其代表作《无效市场》（*Ineffective Markets*）一书中写到：

> 有效市场假设并不会因为投资者的理性而发展或是消亡。在很多投资者并非完全理性的情况下，我们依然可以认为市场是有效的。非理性投资者在市场上的交易是随机的，这是业内的普遍共识。因此，如果市场上存在大量的此类投资者，且他们的交易策略彼此不相关，那么，这些投资者的交易就有可能相互抵消、相互补偿。在这样的市场上……价格将接近基本价值。

问题是，在业内人士看来，这种投资者的多样化是一种特殊情况，而非常规。施莱弗尔进一步指出：“这个观点严重依赖于非理性投资者之间缺少相关性的假设，因此，它的适用性是相当有限的。”

最后，施莱弗尔认为，作为引导价格回归基本价值的另一种方式，套利也是有风险的，所以，它在现实世界中的使用必然要受到一定因

素的限制。由于投资者是非理性的，他们的投资策略也很少是互不相关的，在这种情况下，市场必然是无效的。此外，套利并不足以让价格回归价值。由此看来，无效才是市场的规则，而有效则是例外。在一个基本无效的市场里，积极型投资组合管理自然是一场不可能赚钱的游戏。

大多数专业人士把有效性视为规律、把无效性视为例外的观点，我们对此一直持怀疑态度。我们可以看到，在很多现实的复杂系统中，多样化的投资者个人可以得到有效性的结果。无数事例告诉我们，集体表现总是优于个人的平均表现。

由此可见，形形色色的投资者足以让我们确信：不可能找到一种超越市场基准收益率的系统化方法。在现实世界里，多样性是一个不言而喻的假设，而多样性的丧失则是一个人尽皆知（和实现潜在利润）的例外。

## 用赌博的方式寻找失落的原子弹

这里有一个不同寻常的事件，它为我们审视集体力量提供了一个饶有趣味的例证。1966 年 1 月 17 日，一架 B52 轰炸机和一架加油机在西班牙海岸线上空飞行时相撞。当时，轰炸机上装载了 4 枚原子弹，其中，落到海滩上的 3 枚原子弹马上被人们发现。但第 4 枚原子弹却掉进了地中海，能否尽快找到这枚原子弹，关系到美国的国防安全。

当时的国防部部长助理杰克·霍华德（Jack Howard）给年轻的海军军官约翰·克莱文（John Cvaven）打了一个电话，指示他去寻找这颗掉进地中海的原子弹。接到命令后，克莱文马上组建了一个由各领域专家组成的行动小组，并要求他们以近乎赌博的方式猜测这颗原子弹的具体位置。

在讨论过程中，克莱文运用概率方法对这些专家的猜测进行归纳，并很快找到了这枚原子弹。在这个例子中，尽管任何一位专家都不知道答案是什么，但他们的结合却让貌似不可能的问题变得迎刃而解。

同样，对于蚂蚁和蜜蜂等群居类昆虫，多样性也是体现它们解决问题能力的一个基本特征，比如说，这些昆虫怎样寻觅食物，怎样找到新的洞穴。

很多简单的事例告诉我们，多样性同样也适用于人类社会，比如杰克·特雷诺 (Jack Treynor) 的著名软心豆粒糖坛试验。特雷诺把软心豆粒糖放在坛子里，然后让金融系的学生猜坛子中的软心豆粒糖数量。所有猜测结果都无一例外地表明，全体学生的平均猜测数量非常接近于实际数量，而且好于任何一个学生的猜测。

在认识到人类行为次优化这一现实的基础上，关键问题也就变成了投资者是否具有足够的多样性，从而实现市场的有效性。如果从信息源、投资方式（技术型和基础型）、投资风格（价值型和增长型）以及投资期限等诸多维度思考的话，我们就可以看到，为什么市场一般都具有足够的多样性，从而实现股票市场的正常运作。

## 倾听多数人，不相信少数人

多样化倾向于造就有效的市场，而多样性的丧失则会让市场趋于无效化。换言之，在行为金融学领域，集体层次才是我们寻找投资机会的天堂。

群居就是一个绝佳的例证。当众多投资者基于对他人的观察而做出相同决策时，也就形成了一个投资群居体。在市场发展的进程中，往往存在着某种情感占据主导的阶段。这些丧失多样性的阶段必然和市场的繁荣（所有人都采取看涨策略）与衰落交相呼应（所有人都采

取看跌策略)。在我看来，没有任何一种尺度能让我们始终如一地对投资者多样性做出准确的衡量。但是，如果我们能对公共观点（媒体）和私人观点做出客观的评价，也许可以提供一些有益的提示。总之，成功投资的关键在于，宁可倾听多数人的胡言乱语，也不要轻信少数人的至理名言。

# 第13章

## 当凯恩斯遇见马克·吐温

*长期期望、El Farol 酒吧和自欺欺人*

专业化投资的总体目标是克服时间与无知对未来的破坏力。而对于今天的超级职业化投资，他们的实际目标、或者说个别目标，则是像美国人所说的那样“偷跑”：智胜投资大众，把残渣或者说那些贬值的东西转嫁给其他人。

——约翰·梅纳德·凯恩斯（John Maynard Keynes）

## 反馈，不断锐化投资者的分析技能

马克·吐温认为，名著就是每个人都觉得应该看却没有任何人想看的东西。约翰·梅纳德·凯恩斯的《就业、利息和货币通论》就是一部值得所有投资者关注的名著，尤其是书中的第12章，“长期预期的状态”（State of Long-term Expectation）。预期根植于我们的每一个决策之中，尤其是投资决策。但是在现实中，我们却很少会停下来，去思考一下自己的预期到底是怎样形成的，其原因何在。毫无疑问，凯恩斯引领着我们去思索这个问题。

还是让我们深入探讨一下预期的两个层面吧。首先，我们把预期区分为演绎过程基础之上的预期与归纳过程基础之上的预期：演绎过程是从一般性前提到具体性结论；而归纳性过程则是从具体现实到一般性原理。

作为新古典经济学的基石，演绎的合理性在现实世界中几乎支离破碎，因为人的逻辑思维能力在过度复杂条件下几乎一无是处，此外，在人类的交互性行为中，任何偏离理性的行为都会促使我们去猜测：其他人将会采取何种对策。换句话说，如果其他所有人都是非理性的，你也不可能因为自己的理性行为而得到任何回报。

预期的第二个层面体现为：在事件发生之后，我们总是倾向于高

估自己在结果出现之前掌握的知识。这种后见之明的偏失侵蚀了反馈的质量，而反馈却是不断锐化我们分析技能的必需品。

## 如果股市是一场选美大赛

凯恩斯把针对未来回报的预期划分为两个部分：或多或少已经确定无疑的事实以及可以按不同置信度加以预测的事件。后面这些不确定的事件包括投资的数额和类型以及需求的波动等等。凯恩斯把针对这些事件的心理预期称为“长期预期的状态”。

在形成预测的过程中，大多数人都会依赖于凯恩斯所说的“惯例”。当他们拥有确信无疑的理由去预期某种变化时，就会从当前环境出发，对其进行调整。凯恩斯指出，调整的幅度反映了人们对预期变化的“信心状态”(State of Confidence)是实际市场表征和商业心理作用（Business Psychology）的共同产物。但是，我们根本就没有办法去预测未来的信心状态如何，因为它有赖于反馈。市场影响着我们的心理，反过来，心理也将影响到市场。

凯恩斯认为，诸多原因导致了管理本身的不稳定性。其中最典型的原因在于：很多投资者并没有把注意力集中于“事业”——对投资的长期回报进行预测，而是过多地关注于“投机”——对市场心理的预测。在这个问题上，他打了一个非常著名的比喻：把市场比作选美大赛。比赛的目的并不是找出一个你认为最漂亮的人，甚至也不是你认为被大多数观众视为最漂亮的人。我们会发现，自己不过是在想方设法猜测其他人想的是什么。通过选美比赛这个例子，凯恩斯阐述了演绎法在经济学和市场中的局限性。

但这也并不等于说，凯恩斯认为市场的运行完全依赖于情感。他指出：

> 长期预期的状态通常是稳定的，即便是在不稳定的时候，其他因素也会形成补偿作用，抑制长期状态的失衡。在这里，我们只是在提醒自己，无论是个人、政治还是经济，决策对未来的影响都完全依赖于严格的数学期望值，因为这种计算本身就没有任何基础可言。

通过坚持不懈的观察，凯恩斯进一步指出，“在企业稳定的运行流程中，如果投机者只是其中若隐若现的泡沫，这样的投机并不会带来什么破坏，但是，一旦企业在此起彼伏的投机中成为泡沫，形势就严重了。”

那么，今天的机构投资者是否更加关注企业、而不是投机呢？这是一个难以回答的问题，市场当然需要多种多样的投资者，只有这样，它才能保持长盛不衰。但是，针对股票投资组合周转率进行的整体性统计却让理性投资者望而却步。数据表明，投资组合的年周转率已经从20世纪70年代初的30%到40%骤增到今天的超过100%。这意味着，目前的股票平均持有期甚至还不到11个月。如此频繁的周转不仅会带来高昂的交易成本，还会造成企业治理上的纷争和退化。

## 经济学家夜访 El Farol 酒吧

经济学家布莱恩·阿瑟 (Brian Arthur) 的研究，为我们认识以演绎法和归纳法解决问题（包括股票定价）的过程提供了重要启示。阿瑟指出，通过演绎法，我们只能解决最简单的问题：演绎法只适合于玩井字棋，但对下国际象棋肯定会无济于事。事实上，试验已经告诉我们，人并不善于归纳性逻辑，但却是认识和追求时尚潮流的高手。所以说，人是一部天生而来的演绎机器。

阿瑟还为我们构建了一个进行演绎性推理的模型[①]，这个模型有效地弥补了凯恩斯爵士的理论缺陷。该模型的灵感源于新墨西哥州圣塔菲的 El Farol 酒吧：每个星期三晚上，酒吧里都会演奏爱尔兰民间音乐。在不太拥挤的时候去酒吧坐一会，是一件很惬意的事情：你可以轻松自在地品尝红酒，悠扬的乐声也不会因此而受到任何纷扰。但人声鼎沸的时候，酒吧里的情况就不一样了——拥挤不堪的人们可能会弄撒你的红酒，原本轻松的音乐淹没在嘈杂的吵闹声中。那么，你如何决定是否应该去 El Farol 酒吧呢？

为了更形象地说明这个问题，阿瑟假设酒吧可以容纳 100 个人，在少于 60 人时候，就可以认为酒吧不拥挤，而超过 60 人则认为酒吧很拥挤。于是，预期酒吧人数少于 60 人的时候去酒吧，而预期酒吧人数超过 60 人则会选择待在家里。是否决定去酒吧完全独立于以往的选择，酒吧的主人既不需要说服，也没有必要去协调，决策的唯一基础就是以往的酒吧人数。

这个问题有两个显著特征。首先，由于这个问题本身非常复杂，因而无法通过演绎法加以解决。因为每个人都只能依赖于以往去酒吧的人数，因此，群体中必然同时存在着大量有理可依的预期模型。在这种情况下，想去酒吧的人就只能借助于归纳法了。其次，共同的预期只能适得其反：如果所有人都相信大多数人会去酒吧，他们就会全部选择不去酒吧；反之，如果所有人都认为没有人会去酒吧，所有人就会选择去酒吧。就像凯恩斯所说的选美比赛一样，问题的关键并不在于你自己的观点如何，而是在于你认为其他人的想法是什么。

通过对个人指定各不相同的决策规则，研究人员为解决 El Farol 酒吧问题构造了一个研究模型。在决策规则具有足够多样性以及重复

---

① 该模型通过参与者基于最近几周去酒吧的人数而选择本周是否去酒吧，描述了股票经纪人如何在复杂的场合下，相互竞争而又彼此适应的情形。

次数足够多的情况下，到酒吧的平均人数将趋近于 60 这个区分拥挤与否的临界值。如果我们假设进行 2 万次这样的重复性试验——这个数字的时间跨度相当于 385 年（每个星期五进行一次试验）。在这种情况下，只要个体的决策规则具有足够的多样性，即使是利用归纳法，也能得到近似于演绎法的结论。

就市场而言，凯恩斯和阿瑟则得出了相同的结论：很多投资决策不会也不可能依赖于演绎做出精确的量化判断。在这里，我还想补充的是，就总体而言，充分多样性的投资策略足以造就一个有效的市场。但是，在多样性的充分性受到影响时——这是常有的现象，市场就会严重偏移基本面。

## 走火的“马后炮”

如果不提到人类的一个特有怪癖，我们就不可能完整地认识预期：当事情发生之后，我们总是相信，在事情发生之前，我们就已经对结果一清二楚了。我们把这种癖好称之为“后见之明的偏差”，或者说“马后炮综合征”。研究表明，对于不确定的事件，我们并不善于在看到结果之前预见到事件的发生方式。

金融学教授赫什·舍夫林对美国橘子郡 (Orange Courty) 财务主管罗伯特·西特罗恩 (Robert Citron) 的做法进行了分析，他的分析让我们对这个问题有所感悟。在 1993 年 9 月公布的年报中，西特罗恩写道：“只要利率在本 10 年内不下降，我们就可以实现收支平衡。当然，没有任何迹象表明，利率会在未来的至少 3 年内会出现增长。”1994 年 2 月，联邦储备委员会提高了市场利率。而西特罗恩对此做出的反应是：“近期的利率上涨并不让我们感到意外；相反，我们期待着利率的上涨，我们已经为此做好了一切准备。”直到此时，在利率继续上涨之前，

西特罗恩还有机会改变自己的观点。但更有可能的结果是，西特罗恩只能忍受后见之明给自己带来的灾难了。

后见之明的偏差必然会影响反馈的质量，让我们无法客观准确地去认识决策的方式和理由。克服这种偏差的方法之一，就是随时记录我们在做出决策时所依据的理由。这些记录将成为实现客观性反馈的源泉，从而帮助我们进一步完善未来的决策过程。

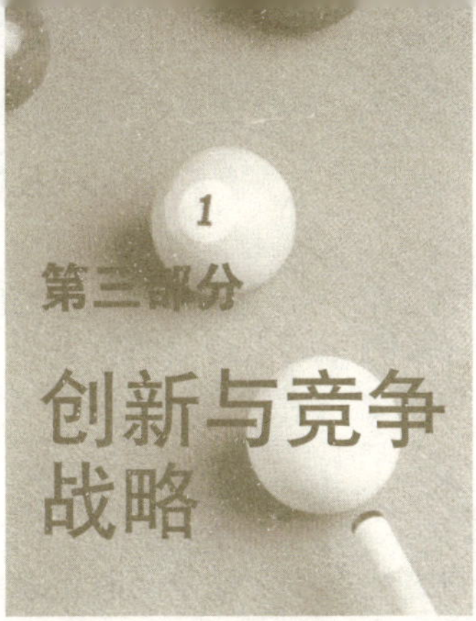

# 第三部分

# 创新与竞争战略

在过去一百多年的时间里，我们曾经目睹了天翻地覆的变革。查尔斯·亨利·道在 1896 年 5 月创建道氏指数时包括的第一批工业股票名单，足以让我们从中对这些剧变略见一斑：

美国棉油公司、美国制糖公司、美国烟草公司 芝加哥汽油公司、乳品提炼与奶牛饲料公司、通用电气公司、拉克利德汽油公司、国民铅公司、北美公司、田纳西铁矿煤矿公司、美国皮革公司、美国橡胶公司。

在这些成分股公司中，迄今幸存的只有通用电气公司，但今天的通用电气公司，也不再是原来那个仅从事电气业务的企业了。这些曾经在当时显赫一时的蓝筹股企业，客观地反映了那个以商品为基础的市场竞争时代。在今天看来，我们很难想象出，乳品提炼与奶牛饲料公司或是美国棉油公司这样的企业居然会成为市场的宠儿、股票市场的热门，但是在未来人的眼中，微软或是默克也会成为同样的笑料。

那么，过去一个世纪的变革是否能为我们展望未来世纪有所启迪呢？毫无疑问，有些事情是毋庸置疑的。首先，我们对远期未来的预期很有可能毫无意义、毫不相干。其次，我们对未来唯一可以指望的东西就是创新。如何认识创新，如何应对创新，正是本部分即将探讨的主题。

投资者必须认识和理解创新，因为它是企业成败的根本机制。

但这里也有一个问题：尽管大多数投资者都承认，未来的成功企业必然迥然不同于今天的市场领导者，但变革本身却是渐进性的，并不像我们所想象的那样日新月异。因此，除非能认真看待创新的累积效应，否则，我们根本就无法感受到每天发生在身边的微妙变化，以至于我们依然徘徊在镏金岁月的美好回忆之中。

本部分的一个重要观点在于：创新是不可避免的。创新就是对现有的思维要素重新组合。因此，现有的思维观念越丰富多彩，我们对这些思想的掌握速度越快，就越有可能更快地提出有价值的解决方案。创新步伐的不断加快是不可避免的趋势，因为创新决定着企业的成败与存亡。大量的证据表明，今天的胜利者很有可能会成为明天的靶子，一旦企业由兴而衰，东山再起的机会就微乎其微了。

另一个重要原则体现为：人在本质上是抵触和厌恶变化的。而暗含于估价之中的预期大多如出一辙：好公司将会继续繁荣下去，而坏公司只能继续在泥潭中挣扎。但企业的高管们却早已经习惯于循规蹈矩，而所有这一切不过是在为未来播下失败的种子而已。

最后一个主题是如何应对变化。当新行业脱颖而出的时候，要从现有的诸多糟糕策略中去伪存真、找出好办法几乎是不可能的。因此，我们经常看到的是一个行业通过实践去检验众多不同的策略，让市场去决定孰是孰非（这一点和大脑发育出奇的相似）。最终，尽管我们可能要经历无数的失败，但这些失败只是成功的代价，它们

所换来的，却是若干不乏吸引力的竞争策略。我们不应该畏惧甚至憎恶这些失败，相反，应该把它们视为探索经营模式的一个重要组成部分。

一个深谙创新基本原则的企业，也许无助于你预见子孙后代将会持有哪些股票，但是对于提高预见投资组合未来变化的能力，它却可以让我们受益匪浅。

第 14 章

# 投资者，其实也是创客

## *向飞机之父怀特兄弟学投资*

创新都代表着对过去的背离与突破：电灯让煤油灯成为历史，汽车代替了马车和手推车，而轮船则取代了帆船。但是，所有创新都依赖于现有的成就。在爱迪生的系统中，其组织原则取自汽油行业，早期的汽车源于手推车制造商，而人类的第一艘轮船只不过是在帆船上安了一台蒸汽机而已。

——安德鲁·哈根顿（Andrew Hargadon）

《突破是如何实现的》（*How Breakthroughs Happen*）作者

我们必须注意到，现有工业水平应该有能力每年生产 5 000 万吨生铁、6 000 万吨钢材、5 亿吨煤炭以及 6 000 万吨石油。但只有真正实现这些目标的时候，我们的祖国才有能力抵御一切意外。

——约瑟夫·斯大林

## 重组带来的飞跃

1903 年 12 月 17 日，奥维尔·怀特创造了人类历史的一个新纪元。他驾驶以发动机作为动力的飞机完成了人类的第一次真正飞行：在 12 秒的时间内飞行了 120 英尺（见图 14.1）。正是这次飞行，怀特兄弟不仅开启了众多新兴行业的大门，也永远改变了远程运输的本质。

资料来源：Corbis 公司。

图 14.1　怀特兄弟的第一次飞行

那么，怀特兄弟是如何完成人类社会这次空前绝后的伟业呢？他们既不是依赖于神灵的启发，也不是空手起家、从零开始的。把人类

的第一次飞行看作现有思想和技术的重新组合，也许是最恰当不过的说法。正如管理学教授安德鲁·哈根顿所说的那样，所有创新都代表着对过去的背离与突破，都是历史元素的全新组合。怀特兄弟与众不同的天赋在于，他们能以新的思维，把汽油发动机、几根电缆、一个螺旋桨和伯努利（Bernoulli）原理重新组合在一起，创造了一台能在空中飞行的机器。

基于以下几方面原因，投资者需要认识并理解创新过程。首先，在物质优化层次上，我们所拥有的一切无不依赖于创新。其次，创新是创造性破坏（Creative Destruction）的根基，通过这个破坏过程，我们以新的技术和业务取代原有的技术和业务。能否实现更快的创新，决定着企业的成功与失败。

## 经济学家和政客的财富论剑

经济学家保罗·罗默 (Paul Romer) 在研究中经常从非常简单的问题入手。那么，我们怎样才能比 100 年或是 1 000 多年前更富有呢？毕竟，我们这个世界所拥有的原材料，即地球的质量是不可改变的。因此，我们必须要在越来越多的人口中分配这个有限的质量。尽管如此，全世界的人均 GDP 还是比 1 000 年前增长了约 30 倍，而其中的绝大部分增长是在今 150 年内完成的（见图 14.2）

对此，罗默为我们提供了一个近乎直白的答案：我们掌握了越来越多的知识，这些知识告诉我们怎样去重新分配有限的原材料，提高使用效率，增加内在价值。100 年以前，对自然资源的控制是人类创造财富的源泉（1896 年，在道氏指数中的 12 家公司中，有 10 家公司从事实体性商品业务），而时至今日，如何运用原材料的理念和模式则成为我们创造财富的发动机。

早在 60 多年以前，丘吉尔就已经告诉我们，未来的世界将是思想者的世界。

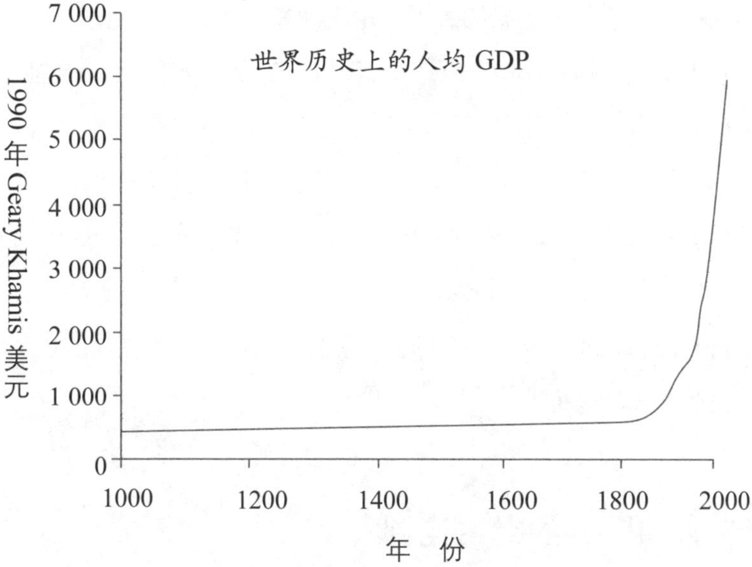


资料来源：安格斯·麦迪森（Angus Maddison）和笔者的估计。

**图 14.2 人均 GDP 的爆炸性增长**

为了更形象地说明这个问题，罗默把价值创作过程划分为两部分：新配方、新思路或是新公式的发现，以及把这些新方法运用于实践的途径。如果不能诉诸实践，这些新方法自然一无是处。

罗默认为，对比 1900 年的美国钢铁行业和 2000 年的默克公司，我们就可以对世界经济的巨变一目了然。研究一下百年前的美国钢铁行业，我们会发现，很多工人只是在机械地重复工作流程——搬运铁矿、向熔炉里填料或是钢材成型，只有很少的人从事新流程和新工艺的开发。当然，尽管技术演进的作用是毋庸置疑的，但却是无形的。

看一下默克之类的现代医药企业，我们却会发现，企业所关注的

重点已经发生了巨大的变化。大多数员工都在从事着寻找新配方、设计新方法的工作。毫无疑问，肯定要有些工人去完成实施新配方、新方法的工作，但他们毕竟只是全部员工中的一小部分。同样，按照默克公司的模式，我们也可以重新诠释当前针对外包问题进行的争论：如果外包可以为技术开发人员提供更多的机会，是否就应该对实施这些技术的工作实行外包呢?

塑造我们这个世界的技术是财富创造的核心，认识到这一点，将为我们带来很多重要的启示。具有讽刺意义的是，在古典经济学中，技术却被视为外生要素。

首先是经济学家所说的竞争性商品与非竞争性商品之间的差异。对于竞争性商品，一个人的消费将减少其他人可消费的数量。比如说，汽车、钢笔和衬衫就属于竞争性商品。相比而言，很多人却可以同时消费同种非竞争性商品——比如说技术和方法。软件就是最典型的非竞争性商品。企业可以在无限的范围内使用同一种软件。由于这种知识型商品的使用范围不受资源稀缺性的制约，因此，非竞争性商品的共同分享将有利于财富的增长。

第二个启示在于：既然创新就是对现有思维要素的重组，因此，现有要素越多，我们就会得到更多解决问题的机会。我们可以用一个简单的数学公式来说明这个问题。假如我们有 4 个基本要素可以用来构建潜在的解决方案。于是，这 4 个要素可以构成的组合数量为 24 个(4×3×2×1)。现在，如果把可用要素的数量增加为 6 个，可以得到的组合数量就会变为 720 个（6×5×4×3×2×1）。也就是说，仅仅增加了 2 个因素，但我们可以得到的新组合数量却增加了 30 倍。正像罗密经常提到的那样，你可以用 20 个步骤构造出 10 种方式，这个数字要远远超过宇宙大爆炸至今所经历的秒数。

这促使我们去认识最后一个启示：更多的思维要素可以带来更多

的创新，并最终造就更快的总体增长。对于那些严重依赖自然资源的企业，稀缺性所带来的成本必然会导致规模不经济，进而制约企业的规模和增长。相反，那些以知识创造为主导的企业却不会面对这种发展瓶颈（尽管他们还不得不面对其他种种挑战）。

我们可以看一下规模带来的增长如何体现于国家层次。在过去的200 年里，美国人均 GDP 的增长速度（按 40 年的增长率进行计算）远高于经济总体的增长规模（见图 14.3）。但是在思维的世界里，规模本身却并非决定增长的主导因素，相反，是增长率决定了规模。

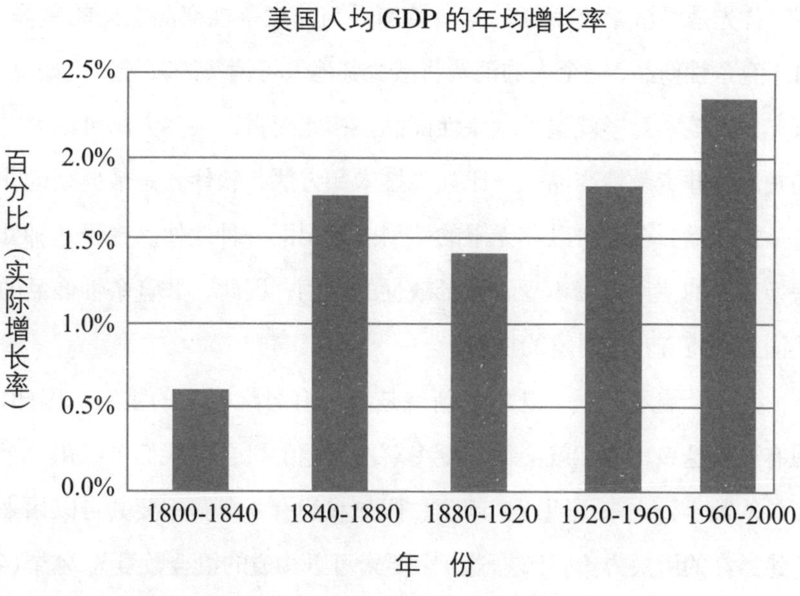


资料来源：安格斯·麦迪森和笔者的估计。

图 14.3 美国人均 GDP 的年均增长率

## 创新给财富积累的加速度

我们可以期待，科学的进步、信息储存量以及摩尔定律带来的计

算能力增长等三种相互关联的动力必将以加速的形式推动创新的发展。在这里，我想着重探讨创新的一个特殊方面：信息传输的变化。

在具有开创性思维的《新财富宣言》(*As the Future Catches You*)一书中，胡安·恩里克斯（Juan Enriquez）追溯了人类以象征性图形进行沟通的发展历史。在两三万年以前，旧石器时代的人类就已经开始在洞穴的四壁上进行绘画（见图 14.4）。科学家认为，这些绘画描绘了与狩猎有关的宗教仪式场面。尽管这些绘画相当精美，但由于无法复制或移动，使得它们的沟通价值受到了严重制约。

大约在五千年之前，美索不达米亚人和古埃及人采用楔形文字和象形文字发明了可书写的文字性字母，并由此带来了沟通技术的突飞猛进(见图 14.5)。同一时期还出现了以物理代号为基础的数学表达式。尽管这些原始的字母让人类在正确的轨道上迈出了巨大的一步，但是从总体上看依然笨拙简单。更重要的是，在当时，只有极少数社会精英才有机会掌握这些文字的使用。

中国人首先发明了真正标准化的字符（见图 14.6)。作为象形沟通的一种简单形式，这种字符让中国人可以采用活版印刷印制书籍，而古腾堡为欧洲人发明的活版印刷则是大约 500 年之后的事情了。

希腊人把为数众多的音节简化为几个字母，正是在这些字母的基础上，才形成了西方国家今天所使用的 26 个罗马字母表。通过这 26 个字母之间的无数组合，我们几乎可以构造出任何想表达的概念。字母的出现不仅推动了文学的迅猛发展，同时也提高了人类世界的生活标准。

就在第二次世界大战结束不久，另一种语言开始喧宾夺主：一种用若干个 0 和 1 构成的语言。二进制或者说数字语言可以让我们对任何信息进行编码——从文字，到音乐，再到人的基因组图（见图 14.7)。由于数字语言本身非常简单，因此，我们可以对数字语言进行

资料来源：Corbis 公司。

图 14.4　洞穴绘画

资料来源：Corbis 公司。

图 14.5　象形文字——带有音节性的符号

快速地编码、传输和解码。数字语言还具有高度的保密性，而且易于储存。表 14.1 说明了信息产品从 1999 年到 2002 年的变化。磁性储存介质和光学储存介质的大幅增长尤其值得我们注意。

**融会贯通的观察者**

资料来源：Jean Yu。

图 14.6　以中文书写的“融会贯通的观察者”

```
0100000110110111
0110111001110011
0110100101101100
0110100101100101
0110111001110100
0010000001001111
0110001001110011
0110010101110010
0111011001100101
01110010
```

资料来源：http：//nickciske.com/tools/binary.php

图 14.7　以二进制代码书写的“融会贯通的观察者”

表 14.1　原始信息的全球储存量

| 储存介质 | 2002 年的估计上限（千兆） | 1999 ~ 2000 年的估计上限（千兆） | 上限变化率（%） |
|---|---|---|---|
| 纸面 | 1 634 | 1 200 | 36 |
| 胶卷 | 420 254 | 431 690 | -3 |
| 磁性 | 4 999 230 | 2 779 760 | 80 |
| 光学 | 103 | 81 | 28 |
| 合计 | 5 421 221 | 3 212 731 | 69 |

资料来源：Lyman 和 Varian，《到底有多少信息》（*How Much Information*，2003）。经作者允许改编。

所有这一切对创新又意味着什么呢？由于数字语言具有高度的灵活性，因此，我们可以按前所未有的方式去认识和使用创新元素，不断创造出更多的组合。把数字语言和日益增长的创新元素融为一体，将会让我们看到：创新必将不断加速。例如，当科研人员把数字技术、生物知识（基因组图）和不断增长的计算能力结合在一起的时候，医疗保健必将迎来突飞猛进的发展。

怀特兄弟所无法想象的 21 世纪，正在越来越多地依赖于复合性解决方案，而复合性方案正是我们继续前行的动力。未来的财富源于新思维的创造者，而不是那些新思维的执行者。

第 15 章

# 行业周期进化论

## *大脑发育对创新的启示*

我想，这正是我们所看到的现实：我们可以（在互联网上）尝试每一个新的想法。很多试验取得成功，但也有很多试验以失败而告终。

——杰夫·贝佐斯（Jeff Bezos）

亚马逊公司创始人

## 大脑发育与市场泡沫

每当我觉得自己很聪明的时候，我就会好好看一下3岁的孩子，他还在蹒跚学步。研究表明，学龄前儿童每两个小时就可以掌握一个新单词，按照这个速度，到高中毕业时大约可以掌握4.5万个单词。低龄儿童在既定环境中掌握新知识的能力是惊人的。

另一方面，成年人接受新信息的能力相当有限。比如说，和小孩子相比，学习第二外语给成年人带来的挑战显然更为严峻。原因何在呢？从儿童发育的角度看，答案自然很有趣，但是，它也为我们认识商业世界的创新过程提供了一种有益的方式。

一个婴儿从出生到3岁，大脑中连接神经元的突触在数量上急剧增加。事实上，对于一个初学走路的孩子，大脑中的突触数量约为1 000万亿，相当于成年人的2倍。因此，和成年人相比，儿童的大脑更活跃，更富有联想性，也更为灵活。

在经过了突触的快速繁殖之后，则是一个明显的整理修剪过程。经过实践的筛选，有用的突触连接进一步得到强化，而那些不能继续发挥作用的突触连接则被修整（被称为Hebbian过程，这个名字取自Donald Hebbs）。相关估计指出，低龄儿童每天丧失的突触连接数量约在200亿个。通过这个过程，人的大脑将得到进一步的完善和调整，

以便于更好地适应于特定的生存环境。到成年时，突触选择过程让我们的大脑趋于完善，并最终实现大脑应具有的一切功能。

除非我们认为，突触的过度繁殖和修整过程在神经元素和能量消费方面的代价过于昂贵，否则，这个过程似乎并不明显。为什么在近乎完美的人类进化过程中，竟然让这样一个自我浪费的阶段延续下来呢？自然界的智慧绝对不是我们所能想象的。神经网络模型告诉我们，这种过度繁殖和修整的方法在保存信息方面比单向增长过程更灵活，更可靠。实践证明，首先形成大量的可选要素，然后再去其糟粕，取其精华，最终留下最有价值的部分，尽管貌似低效，但事实上却是一个合理有效的过程。

那么，投资者和商业人士为什么应该关注神经发育的过程呢？过度繁殖以及随后的修整过程似乎与新行业的诞生过程不谋而合。认识这个过程，可以从三个方面帮助投资者。首先，它本身就是一个有充分理论依据，同时又经过实证检验的创新模型。其次，这个过程为投资者提供了一个认识市场上的冲动和泡沫的基础。最后，它还告诉我们，创新过程往往会带来新的投资机遇。

## 生物学家为何把股市看作化石记录

在影响深远的《把握创新力》一书中，詹姆斯·阿特拜克（James M. Utterback，又称厄特巴克）提出了技术创新的三个阶段。首先是阿特拜克所说的流动性阶段 (Fluid Phase)，本阶段将进行大量的试验。之后是过渡性阶段 (Transitional Phase)，通过变革的力量去自动选择主导产品设计。最后是明确性阶段 (Specific Phase)，产品或过程的变化趋于缓和，这也是大多数成年人所处的阶段。

这三个阶段体现了一种稳定的企业发展模式：在行业发展初期，

企业数量呈现出明显增长的趋势，在行业进入修整阶段之后，企业数量开始急转直下。由于很多要素在进化过程中被淘汰，这就使得整个过程缺乏经济性。但是，通过技术能力和市场选择的共同作用，将最终筛选出最适应环境的产品设计。

这个模式在商业世界里屡试不爽。我们不妨以美国工业中的两个领军行业汽车业和电视制造业为例（见图 15.1)。在这两个行业处于初期阶段的时候，表现出明显但却不确定的增长趋势，此时，投资者毫不吝啬地投入大量资金。但随着时间的推移，当企业数量不断增加，尤其是行业日趋依赖于某一种主导设计时，整个行业便会遭遇急剧的下滑。

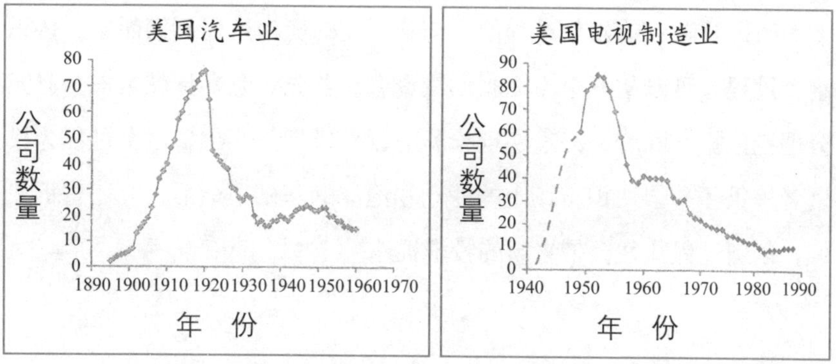


资料来源：詹姆斯·阿特拜克，《把握创新力》，第 35 页和 38 页以及笔者的估计。经作者同意引用。

图 15.1 企业的衰落

硬盘驱动器和个人计算机行业的近期变动趋势也表现出相同的模式（见图 15.2)，只不过在出现修整期之前所经历的时间跨度相对较短。一个世纪之前，汽车行业在经历了 30 年的高速增长期后进入修整期，而硬盘驱动器只经过 15 年便进入修整期，个人计算机更是只有 10 年的高速增长期。

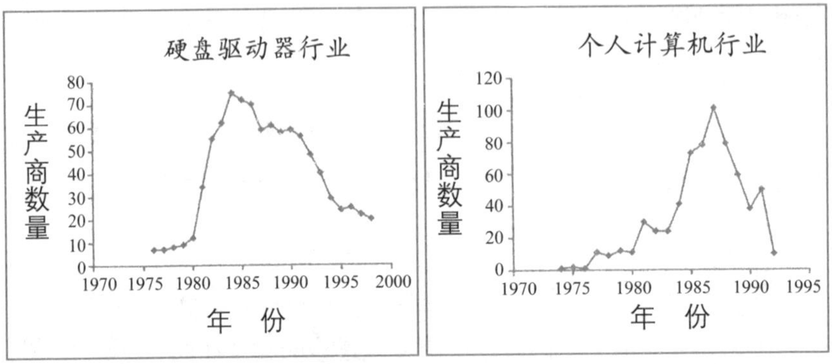


资料来源：DISK/TREND 报告，《管理科学》(*Management Science*) 以及笔者的估计。

图 15.2 更严重的衰落

同样，互联网在世纪之交也曾经历过同样的过程（见图 15.3）。虽然互联网在本质上还算不上一个行业，但是在 20 世纪 90 年代末期，互联网却遭遇了一个风起云涌的试验阶段。2001 年，互联网遭遇了强势修整阶段；据 webmergers.com 统计，544 家互联网公司在 2001 年

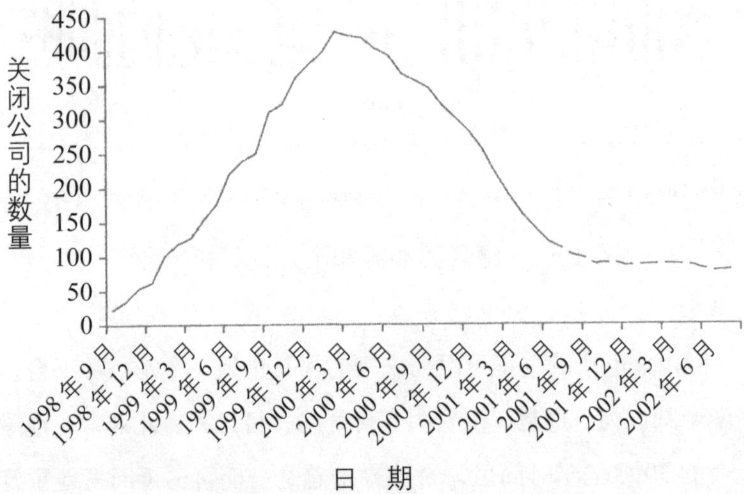


资料来源：webmergers.com，CommScan 以及笔者的估计。

图 15.3 互联网的失败

关闭，而 2000 年还只有 223 家。在整个 2002 年上半年，关停企业比前一年减少了近 75%。

尽管互联网和电讯业在 20 世纪 90 年代末期所经历的昌盛一直延续到 21 世纪，但由盛而衰的发展模式却绝非偶然。显然，我们在未来还将会看到更多这样的剧变。

当我们从婴儿过渡为成人的过程中，只能以牺牲灵活性为代价来换取操纵环境的能力。因此，尽管突触连接的数量在成长过程中不断减少，但我们的技巧和能力却因此而得到改善。商业世界和这种过程有着异曲同工之处。当市场力量选择某种主导性设计、过程或者兼而有之的时候，竞争者的数量会不断萎缩，与此同时，整个行业却在不断发展（见图 15.4）。

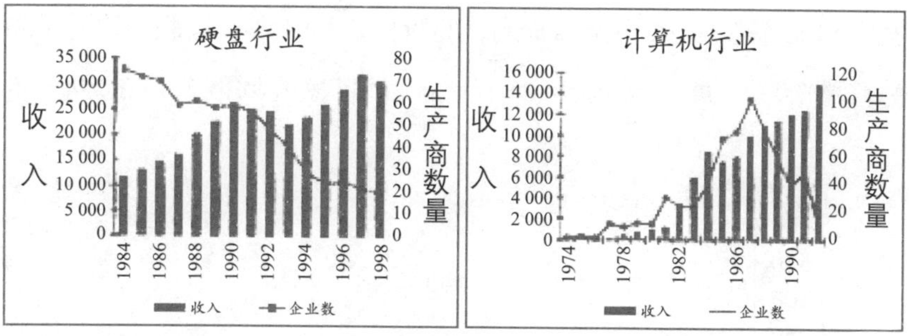


资料来源：DISK/TREND 报告，《管理科学》（*Management Science*）以及笔者的估计。

图 15.4　硬盘驱动器和个人计算机行业

尽管由盛而衰的过程可以为未来的增长创造一个基点和平台，但很多学者却认为，这是一个费力不讨好的投机过程。此外，在地球出现生命的 30 多亿年时间里，自然界也总是一而再、再而三地重复这个过程。古生物学戴维·劳普 (David Raup) 甚至直接把股票市场和化石记录等同起来。

## 市场过热后的幸存者

这个规律的适用范围显然不止于此，因此，我们不妨看一下投资者如何从中受益。首先是对由盛而衰这一模式的基本认识，以及该模型何以成为市场的主旋律。事实上，在环境不确定的时候，它可以帮助我们从诸多可选方案入手（相当于开始时的大量突触连接），然后从中选择最适合于既定环境的突触（修整过程）。由于能量和资源的大量耗费是不可避免的，因此，整个过程的代价无疑是巨大的，但这也是最合理的优胜劣汰过程。

第二种作用在于如何利用这个过程去解释市场上的过热现象。我们可以把婴儿的大脑设想成一个市场，每个突触代表一个企业或是市场参与者。在婴儿出生的时候，由于大脑创造出大量的突触，而且某些突触极为成功，于是，整个市场上风起云涌、人声鼎沸，热情充斥着整个市场。只要有了价格，我们也就有了认识这种市场狂热的基础。

投资者总是以市场表现作为评价业务能否成功的一个重要指标。当价格上升的时候，每个人都想一试身手，而添枝加叶的反馈更是在市场的激情之中火上加油，于是，市场过热现象自然会演化成不可阻挡的潮流。但是我们都知道，不可能每个突触或者说公司都会成为最后的成功者。可以说，通往创新的道路是用失败和浪费筑成的。

然而，市场参与者必须意识到，创新过程中的商业环境是流动易变的，我们很难认识到哪些企业会成功，哪些会走向失败。但幸存者的回报同样也是相当可观的，这也就引出了我的最后一个观点。

在修整过程结束的时候，明智的投资者会四处寻找那些幸存者，因为幸存公司的股票肯定意味着更有吸引力的股东回报。例如，如果投资于从1985年年初持续经营到2000年6月的12家硬盘驱动器公司，你就可以得到11%的投资回报率。此外，尽管失败层出不穷，竞争

异常惨烈，但如果投资者在价格达到顶峰时卖出这些幸存公司的股票，将会得到 21% 的复利年收益率（见表 15.1）。笔者发现，个人计算机业在 1989 ~ 2000 年的经营状况也符合这个规律。

尽管市场和企业都属于社会学体系，但它们所展现出的特征却和自然界如出一辙。而大脑发育和行业创新只不过是其中的两个例证而已。

表 15.1　OEM 硬盘驱动器行业的幸存者

| 市场资本量（1 000 美元） | | | |
|---|---|---|---|
| 公司名称 | 1984 年 12 月 31 日 | 2000 年 6 月 30 日 | 发展历史 |
| Miniscribe | 51 720 | — | 破产，资产由 Maxtor 收购 |
| Masstor | 51 786 | — | 破产 |
| Rodime | 53 095 | — | 仅注册了专利权 |
| Iomega | 106 068 | 1 100 000 | 持续经营 |
| Cipher Data | 298 056 | — | 由 Archive 公司收购 |
| Computer Memories | 35 685 | — | 由投资者集团收购 |
| Onyx +IMI | 14 399 | — | 由 Corvus 系统公司收购 |
| Seagate | 220 795 | 12 000 000 | 持续经营 |
| Quantum | 199 836 | — | 分裂为两个追踪股 |
| DSS(Quantum) | — | 1 400 000 | 持续经营 |
| HDD(Quantum) | — | 888 000 | 持续经营 |
| Micropolis | 43 826 | — | 由新加坡技术公司收购 |
| Priam | 77 682 | — | 破产，资产被收购 |
| Tandon | 304 710 | — | 资产被西方数字公司收购 |
| 合计 | 1 457 658 | 15 388 000 | — |

资料来源：威廉·D. 拜格雷夫 (William D.Bygrave)、朱利安·E. 朗格（Julian E. Lange)、J·R. 罗德尔（J·R.Roedel）和吴升奇（Gary Wu)，“资本市场的剩余和竞争优势：来自硬盘驱动器行业的案例”(*Capital Market Excesses and Competitive Strength: The Case of the Hard Disk Drive Industry*)

# 第16章

# 企业生命周期的停滞点

## *创造性破坏和预期*

当你感到心有余而力不足的时候，你就已经身处巅峰了。

——Little Feat，歌曲“Old Folks Boogie”

## 王者企业的更替法则

在电视上看过动物节目的人都不会对这样的场景感到陌生：年轻莽撞的狮子向威严却衰老的狮群首领发起挑战。开始的时候，老狮子还可以凭借威望和残存的力气震慑反叛者。但老首领最终还是屈服了，年轻而更强大的狮子取而代之。

通过这个例子，我们可以深切地体会到：尽管并非所有挑战者都会成为狮群的新首领，但新首领肯定是挑战者。商业世界就如同一个热带大草原，永远都存在着无休无止的领导者之争。自然界的成功意味着父辈基因遗传给下一代。而在商业世界里，成功则意味着一个企业能创造出超过同类一般企业的经济回报和总体股东收益。

那么，认识领导者 / 挑战者的机制对投资者又有什么启示呢？这个新旧更替的过程不仅反映了一种创新的心理模式，在实践中也有其意义，因为它们体现了投资者对待创新可能做出的种种反应：投资者总是习惯于低估或是高估增长预期。

在股票市场上，创新过程将会变得更加纷乱复杂，因为股票价格并不能完全反映此时此刻的企业内在价值，而是反映了投资者对未来的预期。投资者总要通过各种各样的方法和手段，赋予企业未来一个预期的现值。更准确地说，就是把企业的未来现金流转化为现值。股

票价格反映了投资者的集体预期。因此，投资者不可能只考虑创新；他们必须评价市场是怎样看待创新的。而这其中就有可能隐含着潜在的机遇。

## 把赌注下在新事物上

很多证据都已经有力地证明了：在经过非连续性创新或者说技术变革之后，行业销售额和收益的变化将遵循 S 曲线。增长速度在开始时较慢，之后加速增长，最后进入平稳期（见图 16.1）。这个图形可以帮助我们认识预期趋势的变化规律。投资者（甚至是普通人）往往习惯于采取线性的思维形式。因此，在曲线上的 A 点，投资者不可能完全预见到行业的增长率和经济回报，在这种情况下，他们只能推定出较低的增长率，因此，对未来经济业绩的预期也相对较低。在经过

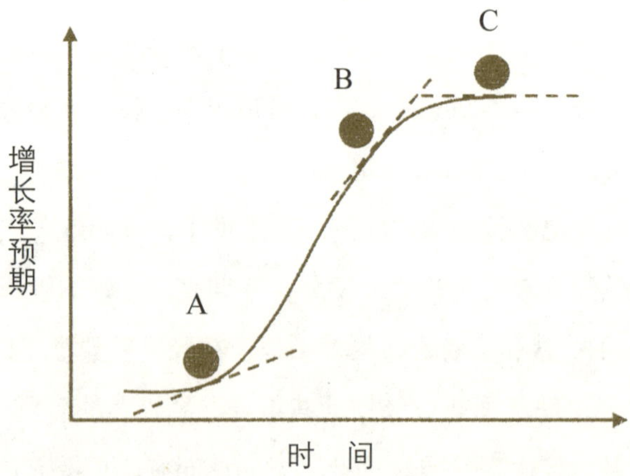


资料来源：笔者分析

图 16.1 按 S 曲线增长的市场往往会让投资者产生感知误差[①]

① 感知误差指投资者习惯于采取线性思维，而市场实际的增长变动却是非线性的，所以投资者对增长率的期望值与实际增长率之间存在一种差距。

一定时期的高速增长之后（达到 B 点），投资者自然会借助这段高速增长区间对无限远的未来进行推断。最后，在 C 点，投资者终于可以准确地把握市场预期，对股票价格进行调整，使之更准确地反映现实。

因此，投资者的一个基本目标就是在 A 点买进股票，然后在 B 点卖出。这样，就可以避免在 S 曲线的顶部对增长率预期进行向下的修订。技术战略学家杰弗里·摩尔(Geoffrey Moore)在其创作的畅销书《猩猩游戏》（*Gorilla Game*）中，为我们提供了一种预见这种渐进性修订的基本框架。摩尔对如何超越 A 点或者说曲线拐点所涉及的种种关键性问题进行了讨论，并提出了识别潜在胜利者的策略。当然，这个问题的难点在于，很多企业都想成为最后的领导者，但却很少有几个企业能成为领导者。这是一个错综复杂的丛林，一切都有可能发生。

在这里，我的目的就是要告诉各位：从 A 点过渡到 B 点代表着获取超额收益的机会，而 B 点到 C 点则对应着非理想的股票业绩。如何识别这几个拐点，对投资者来说意义重大。首先，创新的加速必将缩短行业和产品寿命周期。由于创新的频率越来越快，因此，我们可以得到更多对应于 A-B 的机会。在这种情况下，投资者要善于把握转瞬即逝的机会，及时根据市场动向对预期进行修订。

其次，一旦把某种经历“印刻”在思维中，我们就会把这种经历变成自然而然的内在行为模式。例如，近期表现良好的股票，会在很多投资者心目中留下深刻的印象，于是，在经过股票的下跌期之后，投资者往往会求助于那些曾经推动其组合业绩提高的股票。实际上，这些公司大多已经达到 B 点，因此，它们反而应该是投资者尽量规避的投资对象。在这个瞬息万变的世界里，喜新厌旧也许是每个人的嗜好，旧事物马上会让我们感到无比陌生，把赌注下在新生事物上也许更有利可图。我们也许不清楚到底哪个新企业能创造出超额收益，但有一点几乎可以肯定：老企业不太可能给我们带来什么惊喜。

## 创新，进攻者的优势

在影响深远的《创造性破坏》（*Creative Destruction*）一书中，理查德·佛斯特（Richard Foster）和莎拉·卡普兰（Sarah Kaplan）指出，新生企业往往能创造出高于老企业及成型企业的股东总回报率（TSR）（见图 16.2）。这一观点对应于图 16.1 中 S 曲线的 A 点到 B 点阶段。图 16.2 的数据涉及几千家公司，时间跨度超过 30 年。研究人员选取样本的唯一标准是：在市场资本总额方面必须排在所有企业的前 80%，且企业 50% 以上的销售额必须来自特定的行业。

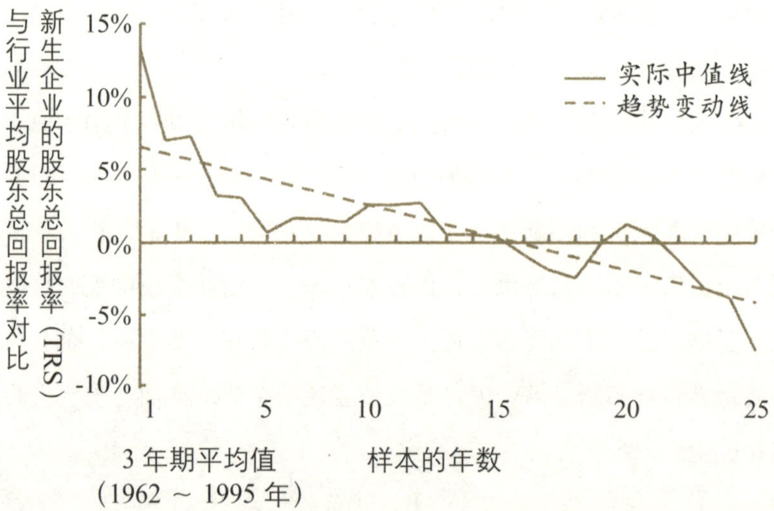


资料来源：佛斯特和卡普兰，《创造性破坏》，第 47 页。经作者同意后改编。

图 16.2　逐渐趋于平缓的收益率变化

必须承认的是，上述分析偏重于创新型行业。然而，也许会有人提出，日新月异的全球经济必然使挑战者在与在位者之间的对抗中占据绝对优势。1986 年，在具有里程碑意义的《创新》（*Innovation*）一

书中，理查德·佛斯特为我们描述了创新的过程。

具体而言，该研究揭示出，大多数行业的新进入者在前5年内，其股东回报率将超过行业平均水平。在随后的15年内，这些企业的股东总回报率将与行业平均水平保持一致。在进入行业的20年之后，公司股票的业绩将低于行业平均水平。

佛斯特和卡普兰从三个方面对这种变化模式进行了解释。首先，竞争对手可以对以前的创新结果进行模仿或改进，从而减少了导致创新者很难创造出高于资金成本的收益，或是减少导致其很难实现实质性增长的机会。其次，与挑战者相比，市场往往能对经营历史较长的稳定性业务做出更准确的反映。最后一点，经营规模、以往的成功和业已成型的规章制度，作者称之为“文化性锁定”（Cultural Lock-in）[①]，最终将导致所有企业丧失其创新优势。

在这个问题上，核心要点在于：那些业绩超过市场平均水平的企业只是“永久性群体中的临时性成员”。在这场以资本为主题的市场游戏中，新涌现的创新者不断颠覆原有竞争对手，于是，新人不断脱颖而出，旧人不断怅然离去，但股票市场上以指数规模增长的收益却掩盖了这种结构上的飞速变化。企业的寿命正在不断萎缩，企业层次的波动性正在不断上涨。无论是投资者还是企业，都面对着巨大的机遇和风险。

## 股票也会衰老

1998年，企业战略委员会公布了一份详细的研究报告，提出了他们所说的“停滞点”（Stall Points），即S曲线顶部的拐点。停滞点也

① 文化性锁定指企业在经营过程中形成的特有的经营模式，成功经验和规章制度等企业文化，在未来企业发展中成为阻碍企业创新发展的枷锁。

就是图 16.1 中由 B 到 C 的过渡点。该委员会发现，对于这些已经到达停滞点的企业，在随后的 10 年中，其中有 83% 的销售额增长率不会超过 5%。对投资者而言，最重要的在于，这项研究表明，在这些企业中，约 70% 的市场价值至少会缩水一半。这一点对投资者尤为重要：如果以近期趋势来推断远期未来的话，一旦增长率下降，就必须要下调自己的市场预期。

研究人员还发现，销售收入达到 200 亿美元的企业极少能实现两位数字的实际增长率（尽管这个上限值会随着时间的推移而增长）。但也不是没有例外，目前，某些大型技术类企业的股票价格仍然可以维持两位数字的增长率。

至于学者们针对“创造性破坏”和“停滞点”进行的研究，一个非常重要的相同点在于，大量人为控制的组织因素和战略因素，往往是丧失创新与增长能力的始作俑者。佛斯特和卡普兰还详细探讨了循规蹈矩如何让企业走向衰老，同时，他们还提出了一些让企业永保活力的指导原则。在企业战略委员会的报告中，研究人员对停滞点的原因进行了详细的分析，并进一步指出，在造成企业陷于停滞的诸多因素中，至少有 20% 可以归结于自身所无法控制的外部因素。

研究表明，只要出现创新，就必然会打破原有的格局，涌出新的胜利者和失败者。大量的数据显示，在这种情况下，挑战者大多占据优势，而在位者却因缺少创新而无力维持其领导地位。由于股票价格反映了投资者的市场预期，因此，投资者不仅要考虑创新的动向，还要了解市场预期。有关证据指出，投资者对挑战者的初始预期往往过慢，而后又会过快。

第17章

# 投资组合里的果蝇

## *行业加速变化对投资者的启示*

结果……就是最有力的证据：事实可以告诉我们，可持续竞争优势以及超额经济绩效的延续时间正在变得越来越短。这样的结果同样也适合于当今经济体中的诸多门类。

——罗伯特·R. 维金斯（Robert R. Wiggins）和
蒂莫西·鲁弗里（Timothy W. Ruefli）
《超竞争绩效》（*Performance*）作者

很多技术类股票的价格应略低于可口可乐和吉列的股价，因为当今的技术必然要面对全新的变革。我非常清楚地意识到，如果微软在未来的10年内依然是领导者，那么，我们就不得不承受三种以上的危机。

——比尔·盖茨

## 寻找市场中的“果蝇”

基因学家和生物学家都喜欢采用最常见的黑腹果蝇做试验，目前，黑腹果蝇已经成为生物研究的主要材料。实际上，通过研究果蝇得到的结论曾经帮助三位科学家赢得了1995年诺贝尔医学奖。为了更好地解释各种基因和繁殖发育问题，成千上万的研究人员依然在乐此不疲地研究着果蝇。

果蝇之所以对科研人员有如此这般的吸引力，不仅是因为它们的习性已经为人类所熟知，而且易于处理，苍蝇还有一个让科学家们更欣赏的特征：它的生命周期。从胚胎到死亡，果蝇的全部寿命只有2个星期左右。如此之快的繁殖速度，可以让科研人员在相对较短的时间内对几百代果蝇的发育和变异进行研究。果蝇的快节奏进化为科研人员研究其他进化极为缓慢的物种提供了重要依据。

那么，商业人士为什么要关注果蝇呢？今天，我们有大量的证据可以说明，在商业世界中，进化的平均速度正在不断加快。正如科学家可以从果蝇的进化性变异中深有启发一样，如果能认识到商业进程不断加速的源泉和意义，投资者也可以从中受益。

商业进化的不断加快，最直接的后果体现为：企业维持其竞争优势的平均时间（也就是创造超过资金成本的经济收益）比以往更短。

这种趋势在估价、组合周转率及多样性等方面，对投资者具有重要的启发意义。

## 速度陷阱

在《时钟速度》（*Clockspeed*）一书中，查尔斯·范恩（Charles Fine）为我们定义了所谓的“时钟速度”（Clockspeed）[①]从字面上理解，时钟速度需要考虑一个行业推出新产品的速度有多快，以及产品的寿命周期有多长。表明新产品活动不断加速的证据比比皆是。例如，《技术评论》（*Technology Review*）曾经提到，通用汽车公司已经把新车型的研发制造周期从 48 个月缩短到 21 个月。实际上，通用汽车平均每 23 个月就可以推出一种新车型。

其次，范恩还提出了“过程时钟速度”（Process Clockspeed）的概念，用于指代创造并推出一种新商品或新服务的全过程。衡量过程时钟速度的方式就是考察资产的平均寿命。根据 HOLT 数据库提供的数据，在美国的前 1 800 家公司中，平均资产寿命（包括用于研发的资本）已经从 1975 年的 14 年左右缩短到目前的不到 10 年。对于今天的企业来说，实现投资回报所需要的投资期限远远低于以往几代的企业。表 17.1 是范恩对几个行业的产品及过程时钟速度进行的估计。

平均时钟速度的缩短并不意味着所有行业门类都会出现相同的变化速度。决定平均变化率的因素之一，是公共类公司构成要素的变化。尤金·法玛 (Eugene Fama) 和肯尼斯·弗兰奇 (Kenneth French) 指出，按照 Compustat 数据库提供的资料，企业数量从 20 世纪 70 年代中期到 90 年代中期已经增长了 70%。大多数新兴企业是通过首次公开上

① 时钟速度是一种在多层次上衡量行业进化周期的量度。

市形成的，与现有企业相比，这些新兴企业的规模更大，增长速度更快。在过去的25年里，由于大量时钟速度较快的企业出现在市场组合中，使得平均时钟速度不断缩短。但也有证据表明，某些企业能够而且也正在较长时期内维持着高水平的经济收益。

表 17.1 取样行业的时钟速度

| 行业 | 产品时钟速度 | 过程时钟速度 |
|---|---|---|
| 时钟速度较快的行业 | | |
| 个人计算机 | 小于6个月 | 2-4年 |
| 玩具和游戏 | 小于1年 | 5-15年 |
| 半导体 | 1-2年 | 3-10年 |
| 化妆品 | 2-3年 | 10-20年 |
| 中等时钟速度的行业 | | |
| 汽车 | 4-6年 | 10-15年 |
| 快餐 | 3-8年 | 5-25年 |
| 机器工具 | 6-10年 | 10-15年 |
| 医药 | 7-15年 | 5-10年 |
| 时钟速度较慢的行业 | | |
| 商业用飞机 | 10-20年 | 20-30年 |
| 烟草 | 1-2年 | 20-30年 |
| 石油化工 | 10-20年 | 20-40年 |
| 纸张 | 10-20年 | 20-40年 |

资料来源：查尔斯·范恩，《时钟速度》，第239页。经作者允许后改编

投资者之所以需要关注时钟速度，是因为它与持续性竞争优势紧密相关。罗伯特·维金斯和蒂莫西·鲁弗里对超额收益的可持续性进行了实证研究。他们把持续性的超平均业绩定义为："在较长时间区段内具有超过基准水平的平均业绩，且在统计上具有显著性"。由于他们衡量业绩的标准是会计数字（资产收益率和托宾系数q），而不是合理的经济数字，我怀疑他们的样本规模（40个行业的近6 800家公司）

和时间区段（25 年，1972 ～ 1997 年）是否足以得到有代表性的结果。

罗伯特·维金斯和蒂莫西·鲁弗里提出了如下四个假设并进行了检验：

> 1. 持续性超额业绩的期限随时间的推移而缩短。他们的分析为这个假设提供了依据：能进入“超额收益行列”的可能性一直在随着时间的推移而增加。
>
> 2. 超竞争（Hypercompetition）[①]并不仅仅限于高科技类行业，而是覆盖了绝大多数行业。在这个方面，大量的证据都支持这一假设：尽管和技术类企业相比，非技术类企业更有可能进入超额收益的行列，但也更可能退出这个行列。
>
> 3. 随着时间的推移，企业会越来越多地通过追求短期竞争优势来维持其持续性竞争优势。这个假设的核心在于，成功的企业善于集中利用众多的短期优势。有关数据也对这一假设予以支持。研究人员指出，在研究的后期阶段，取得单期超额收益的形式较为常见。
>
> 4. 行业集中度以及较大的市场份额均与该行业丧失持续性超额经济收益的概率成反比。但他们的研究并不支持这一假设。事实上，并不存在集中性行业或是较大市场份额与持续性竞争优势保持一致的实证证据。

近期的其他研究也证实了维金斯和鲁弗里的研究结论，其中包括佛斯特和卡普兰的“创造性破坏”以及坎贝尔（Campbell）等人的结论：自 20 世纪 70 年代中期以来，企业层次的波动性一直在稳定增长。创

① 超竞争的含义是，持续优势是不存在的，只有通过打破现状才能获得一系列短暂优势，因此，长期的成功需要采取动态的战略，不断去创造、毁灭和再造新的短期优势。

新速度的加快正在导致个别企业的变异速度不断加快。

有两个因素促使我相信，时钟速度不断加快的趋势将持续下去。第一个因素是信息技术的增长，它必将对微观经济产生长期而深远的影响。技术的发展促使企业不断完善其运作流程，并为消费者提供了更大的透明度，进而提高时钟速度。第二个因素，有形资产向知识性资产的持续性转化为资源配置提供了更大的灵活性。显而易见，和改变工厂的产量相比，改变员工的任务安排更为容易。

## 投资的加速度原理

不断加快的时钟速度从诸多方面影响着投资者。首先，持续性超额收益期的缩短对市场估价具有重要意义。由于比较基础不同导致产品和过程周期的缩短，必将削弱历史市盈率（尤其是在最初，缺乏具有足够使用价值的市盈率）的实用性。我认为，其中肯定存在着一种互换关系：较短期限内的较高经济收益率正在逐渐转化为较长期限内的较低经济收益率。无论我的观点正确与否，但过于简化的估价假设肯定会招致风险。

另一个可能存在的估价缺陷在于：在贴现现金流模型中，所有估价均为期末计价。很多贴现现金流模型均假设无限期的永久性增长，这本身就隐含着一个长期的价值创造过程。在持续性竞争优势不断缩短的情况下，这样的假设显然是不合时宜的。

时钟速度还会影响到组合的周转率。就在公司集中运用一系列竞争优势的同时，今天的最优化组合周转率也要高于以往水平。按照这个说法，对于在过去 25 年里一直处于快速增长的总体组合周转率，我一直怀疑是不是有点太高。但是，过低的周转率（低于 20%）却有可能会导致投资组合缺乏足够的灵活性，以至于无法追踪市场的动态。

此外，不断加快的时钟速度必然要求不断提高投资组合的多样性。如果竞争优势的形成与消逝过于频繁，投资者就必须加大投资广度，增加投资组合的覆盖范围，只有这样，才能保证投资组合足以反映这种现象。当然，最理想的情况是，投资者只关注胜利者，而没有选择失败者。但是要在实践中做到这一点却非常困难。相关数据也验证了这个多样性不断提高的趋势。

最后，商业领域的变化率要求投资者更多地去认识组织变革的动态规律。通过快速变革性企业的成败，可以为投资者提供一些有益的认知模式，进而去认识和理解那些缓慢进化型企业的变革。从这个意义上可以说，商业世界和果蝇存在着相通之处。

# 第18章

## 步步为“盈”

*何时长线持有？何时短线出击？*

复杂系统中的战略必须像军棋游戏中的策略一样，首先要确定一系列可以选择的策略，然后，根据所有棋子的布局和对手的策略，不断调整自己的对策。因此，制定若干对策以做到灵活应变是至关重要的，在这里，重要的是找到一个行之有效的指导性理论，用来明确自己可以采用的种种对策。

——约翰·H. 霍兰德（John H. Holland）

在2000年瑞士信贷第一波士顿思维领导论坛上的演讲

## 投资无远虑，财必有近忧

在一个商业论坛上，一位《财富》100 强企业的高管曾经信誓旦旦地自称，在他的公司里，管理着眼于“未来的 25 年，而不是一个季度”。天哪，这样的陈词滥调根本不会给投资者带来任何信心。大多数管理者对未来 5 年，甚至是 3 年的企业管理情况都几乎一无所知，更不用说 25 年后的情况了，你又怎能去管理这样一个含混不清的未来呢？

管理者还是要想方设法去实现长期和短期之间的平衡。这就像在高速公路上驾驶汽车，如果只盯着汽车车盖的前端，你就很难预见到前方路段的情况。反之，如果我们看得太远，就无法对保证眼前安全行驶必需做出的操作做出判断。这就存在着一种在长期和短期之间权衡的问题，也就是说，我们必须根据具体情况适当调整自己的长期和短期关注点。

有些学者认为，管理者只应着眼于长期目标的说法显然是毫无根据的。谁听说过连续 20 个季度颠沛流离的企业能有一个天花烂漫的未来 5 年呢？这样的事情永远也不可能发生；从定义上看，长期只不过是短期的加总而已。在复杂的环境中，认识长期趋势的最佳方式到底是什么呢？

## 计算机“深蓝”的致命弱点

国际象棋大师的比赛招数可以为我们认识商业策略提供一些重要启示。尽管国际象棋的规则并不复杂，布局也不过是一个 8×8 格的棋盘，但比赛本身却异常复杂，永远可以给我们带来意想不到的结果；尽管它在数学上并不复杂，但是要对所有可能出现的布局做出判断，却需要无比巨大的计算能力。

IBM 曾经研制了一台专门下国际象棋的超级计算机“深蓝”，它向我们展现了无比巨大的计算能力，1999 年，“深蓝”在六番棋[①]的比赛中击败了当时的世界冠军加里·卡斯帕罗夫（Garry Kasparov）。这台造价高达 300 万美元的计算机可以在 1 秒内对 2 亿个布局做出评价。换句话说，在每一步的 3 分钟思考时间内，它可以对 350 多亿个棋局做出评判。相比之下，卡斯帕罗夫每秒钟却只能对 3 个棋局作出判断。此外，在“深蓝”的数据库中，还储存了过去 100 年内所有国际特级大使的开局。

对于“深蓝”的胜利，它在策略上的意义并不是为了告诉我们：机器高人一筹，而是在于，在一个规则明确的比赛中，计算能力就是唯一的胜利筹码。然而，如果增加比赛规则的复杂性，可选方案便会出现级数性的增加，于是，即使最强大的计算机也会变得一无是处。例如，在规则更为简单、但却使用 19×19 格棋盘的围棋比赛中，任何计算机程序都不可能与最优秀的围棋选手相提并论。

商业世界比我们知道的任何棋类比赛都复杂得多，在这种情况下，任何人都不可能对未来可能出现的局势做出预测，更不用说做出判断和评价了。无论是对于棋类比赛还是商业活动，人类的胜利都不是简

① 胜负双方共进行六轮比赛，以最后一场作为判断胜负的标准。

单的数字游戏，而是一个为实现长期目的而制定战略的过程。

## 大赢家的策略

那么，那些优秀象棋选手是如何比赛的呢？国际象棋大师布鲁斯·潘道菲尼（Bruce Pandolfini）为我们揭示了国际象棋冠军所共有的四种行为，这些行为特征同样适用于我们去思考和认识长期与短期之争。

1. 眼光不要看得太远。大多数人都相信，优秀棋手的策略以高瞻远瞩为特征，他们的头脑里装着以后 10 步乃至 15 步的布局。但事实却并非如此。棋手在比赛中到底要看多远，完全取决于具体情况的要求，这意味着，他们只能思考未来有限的几步棋。看得太远无非是在浪费时间：因为信息本身就是不确定的。

2. 制定可选方案，并依据不断变化的现实条件加以调整（见图 18.1）。在每下一步之前，优秀的棋手都要想到以后的几步。你永远也下不出头脑里根本就没有的好棋。先对每一步可能采取的对策做到心中有数，然后再问自己：是不是还有更好的招数。如果有一个好想法，就去找更好的想法，这就是我的至理名言。好想法的产生不过是一个深思熟虑的过程。

3. 认识自己的竞争环境。做一名好棋手还要善于了解人。少数人把象棋视为一个超然的个人比赛。但关键就在这里：棋手需要了解自己的对手，少数超一流的棋手甚至可以解读对手的每一个言谈举止。

4. 寻求不为人所关注的优势。避免树大招风，让自己的优势不被对手所注意，或是让对手觉得不以为然，甚至懒得一想。“慢慢来，早晚会是个大手笔”。你可以慢慢地展开攻势，或是慢慢地布好阵势，让自己的“王”更安全，慢慢地，慢慢地，但这些“慢慢”绝不是自

己的本意，当你把 7、8 个“慢慢”的招数合在一起，局势就会掌控在你的手中。

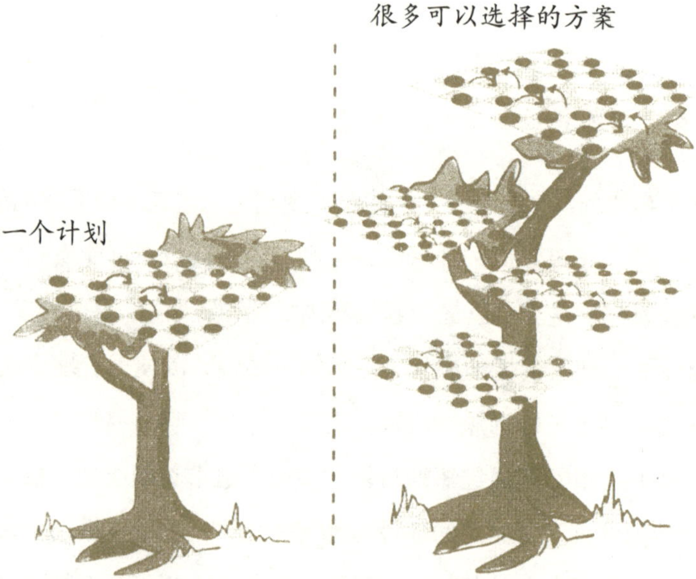


资料来源：Sente 公司。

图 18.1 规避好高骛远的计划

潘道菲尼告诫自己的学生，他的目标并不是让他们成为象棋大师，而是一个伟大的思想者：

> 我的目的是帮助他们培育我所强调的两种智慧：了解他人的能力和了解自己的能力。无论是下棋还是生活，这两种智慧都是我们成功所必需的。

但是，象棋和商业的类比终究是有限的。除了商业世界所固有的复杂性之外，最明显的制约因素在于象棋本身是一种零和游戏；对于

任何一个成功者，总对应着一个失败者。而商业世界却绝非零和游戏，对手之间的对抗是没有期限的。那么，我们应该怎样把象棋带给我们的启示用于商业世界呢？

## 越不繁，越不凡

复杂系统的特征之一在于，简单的规则可以造就无穷无尽的结果。除非你只是为了重复原来那盘棋，否则，你永远也不可能看到完全相同的两盘棋局。这里就蕴涵着我们解决长期和短期之间矛盾的答案。

企业的长期决策规则应具有足够的灵活性，以便于管理者能做到随机应变，制定正确的短期决策。这样，即便没有足够的信息去认识未来，企业也依然能通过短期目标的实现去追求长期成功。任何企业都不可能预见自己所面对的环境将如何变化——就像象棋选手永远也不知道未来的棋盘会是怎样，但不管发生什么，决策规则都可以为我们提供一个合理的行动指南。

凯西·艾森哈德特（Kathy Eisenhardt）和丹·萨尔（Don Sull）称之为“战略形式的简单规则”（Strategy as Simple Rules）。他们主张，在瞬息万变的市场中，企业不应为自己制定过分复杂的战略，相反，应该采取并始终坚持“少数几个清晰直白、严格而不可动摇的规则，去指导我们的行动，而不是一应俱全，无所不包”。

艾森哈德特和萨尔还具体提出了如下 5 项规则：

1. **指引性规则。**说明企业应如何执行既定程序的几个重要特征。其核心在于回答：是什么让我们的过程与众不同？

2. **边界规则。**让管理者关注于他们应该去把握的机会，告诉他们应该放弃什么。

3. 优先性原则。帮助管理者应对眼前的机会，区分轻重缓急。

4. 时机原则。让管理者统筹兼顾，及时把握企业其他领域出现的机会。

5. 退出原则。帮助管理者决定什么时候应该摆脱已经逝去的机会。

艾森哈德特和萨尔主张，企业制定的决策规则应该在 2 ～ 7 个，新兴企业的决策规则通常更少，至于相对较为成熟的企业，其决策规则也可以有所增加。一个有助于保持会计政策健康合规的决策规则，即避免对每股收益进行人为操纵，将有利于企业避免采取不恰当的短期政策。

“战略形式的简单规则”方法不仅极其类似于成功的象棋招数，也适用于其他复杂的适应体系。更重要的是，它让我们不再毫无意义地去争论：企业的管理到底应该着眼短期，还是应该放眼未来。有一套简单的决策规则，企业不仅可以信心百倍地去迎接下一个季度，也可以积极乐观地去面对下一个 25 年。

第19章

# 寻找市场中的“老虎”

## *伍兹称霸高尔夫球场的优势*

幸存者并不一定是最强大的，也未必是最有智慧的，而肯定是最能适应变化的。

——查尔斯·达尔文

## 伍兹给交易员上的第一课

1997 年春天，“老虎”伍兹刚刚从著名的“大师”杯高尔夫巡回赛上凯旋而归；他俨然成了比赛的主宰。在和当今世界顶尖高尔夫选手的同台竞技中，伍兹脱颖而出，以创纪录的 12 杆优势赢得比赛。实际上，取得如此显赫成就的伍兹，参加巡回赛的时间还不到一年，而且当时的伍兹也只有 21 岁。令人不可思议的是，在他所参加的全部 15 场 PGA 大师巡回赛中，伍兹居然获得了 4 次冠军。高尔夫球迷们甚至把他和高尔夫传奇人物杰克 · 尼克劳斯（Jack Nick Laus）相提并论。

那么，对于这些非凡的成功，老虎伍兹是怎样看待的呢？他并不认为已经达到了自己的巅峰，他也有没有坐享其成。相反，他一直在认真研究自己在大师杯赛上的比赛录像，最终得出了一个出人意料的结论：“我的挥杆动作真的太糟糕了。”

伍兹马上拨通了教练布奇·哈曼的电话，请他帮助自己修改挥杆动作。尽管哈曼相信，伍兹很有可能在比赛中有更好的表现，但他也知道，这绝对不是可以一蹴而就的事情。为了实现更高的长期目标，伍兹就必须冒着在短期内成绩有可能下降的风险。但伍兹并没有犹豫不决。在教练哈曼的配合下，伍兹在力度和握杆方式等方面进行改进，

从而在维持现有挥杆力度的前提下增加了控制力。

从 1997 年 7 月到 1999 年 2 月之间,伍兹只赢得过一场巡回赛冠军,但他坚信,自己比以前更出色。“能否赢得比赛,并不能说明技术上是否有所提高。”他认为。1999 年春季,伍兹的新技术终于开始发威了。在随后的 1999 年赛季 14 场比赛中,伍兹一举获得了 10 场胜利,其中包括 8 个 PGA 巡回赛冠军。2000 年赛季,伍兹又一鼓作气取得了 9 项巡回赛冠军,在拿下 2001 年度的“大师杯”之后,伍兹成为第一位同时在四项大赛中获得冠军的大满贯高尔夫球手。

## 适应度图景：寻找“老虎”的地图

这个故事形象地说明了适应度图景的概念。进化生物学家最初提出适应度图景概念的时候,是为了帮助他们了解进化,尤其是物种增加其自身适应力的方式。沿着这个思路,我们可以进一步延伸到企业战略的思想。

适应度图景到底是怎样的呢?我们设想一个巨大的坐标网格,上面的每一个点都代表一个物种(或一个企业)可以采取的战略。此外,我们又进一步假设：用每个点的高度来描述这个战略的适应力。高峰代表较高的适应力,低谷则代表较低的适应力。从企业的角度说,适应力就相当于企业的价值创造能力。每个企业都存在于一个布满高峰和低谷的图景之中。这个图景的地形则取决于行业的具体特征。

正如达尔文所说的那样,提高适应力并不在于能否增加力量或是智慧,而是在于怎样越来越好地适应自己的环境,就是要提高自身的适应能力。要改善适应力,就需要确定越来越多的可选方案,然后从中“选出最佳”的方案。在自然界里,重组和变异是创造生物多样性的源泉,通过自然选择,可以确保让最适合环境的选项成为最后的幸

存者。因为适应度图景可能会包括很多高峰和低谷，因此，即便一个物种能够达到某个高峰（局部最优化），但它却未必是整个图景中的最高峰（整体最优化）。为了达到更高的海拔，一个物种可能不得不以退为进，降低近期的适应力，以便于改善远期的适应力。企业也一样，用这个例子来比喻“老虎”伍兹的经历，也许再恰当不过了。

适应度图景为我们认识企业经营提供了宽广的视野。对任何一个企业而言，他们首先要回答这样两个问题。首先，从企业的角度看，适应度图景到底是怎样的？当然，企业决策不仅要受到适应度图景的影响，决策本身也有助于我们对适应度图景做出定义。其次，企业所采取的战略能否在既定图景中不断提高自身的适应力，即经济价值。

我们必须认识到，由于共同进化所发挥的作用才是核心的，因此，我们不应该只关注于某个企业或行业的进化。任何一个企业的行动都会招致其他企业做出某种反应，有的时候，企业之间需要合作，有的时候，企业之间又会出现冲突。任何事情的发生都不是毫无根据的——在竞争激烈的市场上，企业必然会想方设法地去改善其自身地位。此外，适应度图景的动态性越强，所需要的适应力调整速率也越快。

为了回答第一个问题，我们提出了三种广义上的适应度图景：稳定型、粗糙型和波动型（见图 19.1）。

稳定型（Stable）。它对应于适应度图景较为稳定的行业。在很多情况下，图景本身较为平坦，企业只有在承受有利的周期性力量作用时才能取得超额经济收益。此类示例包括电气电话设施、商品生产商（能源、造纸、金属）、资本型商品、非耐用性消费品以及不动产投资信托等。这种类型的企业主要以牺牲竞争力为代价来改善其适应力。这些企业所涉足的业务通常具有结构性的预见力，即你可以预见到它们的未来状况如何，但实现增长和创建新业务的能力却相当有限。

粗糙型（Coarse）。这种类型的适应度图景存在于变化中的行业，

但变化速度还没有快到我们无法对未来进行预测的程度。在这种情况下，图景全貌不太平坦，其中，某些企业的经济业绩好于其他企业。金融服务、零售业、健康医疗以及基本成型的技术类企业就属于这种类型。技术上的突破将破坏此类行业的现有地位（丧失适应力）。

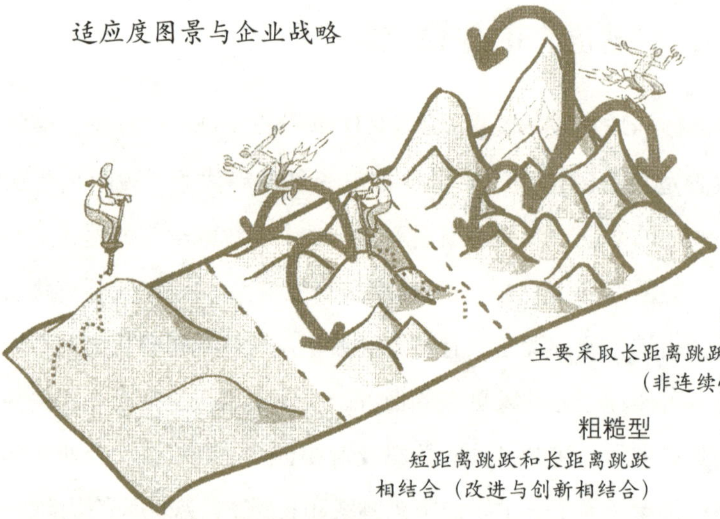


资料来源：Sente 公司。

图 19.1　各种适应度图景

**波动型**（Roiling）。这种行业通常具有强烈的动态性，不断演化的经营模式，严重的不确定性以及不断变动的产品类型。高峰和低谷一直处于持续的变化之中，而且突变性极强。此类企业包括大多数软件公司、基因技术行业、与时尚有关的门类以及大多数初创企业。这种企业的经济收益可能非常可观，但常常会转瞬即逝。

我们可以通过很多事例说明：不断加速的创新步伐、不断解除管

制以及全球化趋势的相互结合，将促使全球适应度图景比以往更加起伏不定，让人们感到难识庐山真面目。一旦我们认识到一个企业适应度图景的基本状况，及其是否趋于稳定性或波动性，就可以考虑应采取何种形式的战略，以实现长期价值的最大化。

## 适应力，“老虎”的生命之源

咨询顾问埃里克·贝恩霍克尔（Eric Beinhocker）为我们提出了两种改善适应力的常用战略。他把第一种战略称为“短距离跳跃”，即以小幅度的渐进式步伐逐渐逼近高峰。大多数以改善过程为主的措施都属于短距离跳跃。另一种策略则被贝恩霍克尔称为“长距离跳跃”，即间歇性措施，这种策略既有可能导致企业在短时间内跃上更高的巅峰，也有可能让企业跌入更深的低谷。长距离跳跃包括在非相关领域进行的具有实际经济意义的收购以及对初创产品的投资。企业的适应度图景在很大程度上决定了短距离跳跃和长距离跳跃之间的均衡。

例如，关注稳定型行业通常有利于实现过程的最优化，即以连续性的短距离跳跃实现渐进式的改善。从长远看，长距离跳跃需要动用并耗费大量的资源，因而不可能为企业创造多少价值。但技术上的改善一般具有渐进性且易于复制。

在另一个极端上，在波动型适应度图景中竞争的企业则必须更多地关注长距离跳跃——寻求实现下一个跃进，其原因在于，即使他们已经处于高峰，但不断变化的图景很有可能在瞬息之间让高峰变为低谷。由于产品生命周期较短，因此，适应本身要比优化更为重要。

对于在粗糙型适应度图景中竞争的企业，从逻辑上讲，则需要在短距离跳跃和长距离跳跃之间寻求一种有效的平衡。事实上，研究模型表明，只有两者之间的结合才是研究相关图景的最佳策略。

## 承受短期挫折，才能改善长期适应力

我们都知道，短距离跳跃和长距离跳跃之间的不同组合适合于不同类型的适应度图景，同样，不同的图景也需要不同的财务工具和组织结构。传统的现金贴现模型适合于在稳定型适应度图景中竞争的企业。在对行业活动做出清晰定义的情况下，集中式的管理方法更有可能有效地发挥作用。

粗糙型适应度图景把传统现金流工具和战略性方案结合起来（见表 19.1）。尽管战略性方案是寻求潜在价值创造机会的可行之举，但却并非是必不可少的前提。归根到底，在波动型适应度图景中竞争的企业，还需要更多地依赖于战略性方案对目前和潜在的适应力进行评价。此外，这些企业非常适合于“战略性的简单规则”方法。尽管这种分散式方法具有为各方所认同的决策规则，但是在适当条件下，也允许个人在局部范围内进行决策。

**表 19.1　三种适应度图景对比**

| 适应度图景 | 财务工具 | 组织结构 |
|---|---|---|
| 稳定型 | 现金贴现法 | 集中式 |
| 粗糙型 | 现金贴现法加战略性方案 | 松散的集中式 |
| 波动型 | 战略性方案 | 分散式 |

“老虎”伍兹的经历告诉我们，尽管在某些情况下，我们也许不得不承受短期的挫折，但调整和变化却是改善长期适应力的必要手段。适应度图景可以帮助我们评价一个企业所寻求的潜在战略是否妥当，是否具有适当的组织结构。相关分析还指出，应该以适当的财务工具对各种业务进行评价。

# 第20章

# 别让市盈率变成“市梦率”

## *推断的结果也许是厄运*

要保证平均值的实用性，参与平均的数据必须来自同一总体。如果未能遵守这一规则的话，也就是说，统计数据来自不同的总体，我们就可以认为，这些数据具有不稳定性。如果数据本身不稳定，利用这些数据的平均值进行预测自然也只能得到毫无意义的结果。

——布拉德福德·康奈尔（Bradford Cornell）

《股权风险溢价》（*The Equity Risk Premium*）作者

对多数企业而言，无论是从价值，还是对经济增长的贡献上看，无形资产都要超过有形资产，但无形资产在财务报告中却体现为费用，而且一直未能在资产负债表上有所反映。对实体资产和财务投资进行资本化，对无形资产的费用化处理，这种会计处理方式上的非对称性必将导致企业业绩和价值报告的偏失和无效。

——巴鲁·列弗 (Baruch Lev)

《无形资产》（*Intangible*）作者

## 社会保险“不再保险”

欧内斯特·阿克曼(Ernest Ackerman)绝对是幸运儿。1937 年,在《联邦社会保险捐款法》实施后第二天退休的阿克曼，成为美国领取社会保险的第一个申请人。在他参加社会保险那天，老板从他的薪水里扣掉了 5 分钱，但阿克曼在退休那天却领到了 17 美分。

未来的社会保险领受人也许就不会这么幸运了。尽管政府在过去 60 多年里对社会保险进行了大幅度的改革，但该系统依然面临着严峻的挑战。这些挑战在很大程度上反映了美国人口结构的变化。

例如,政府最早确定的退休年龄为 65 岁,因为根据保险精算研究,“以 65 岁作为退休年龄，可以创造一个易于实现自我维持、自我管理的社会保险系统，而且工资税的数量也非常有限”。但是从 1940 年至今，寿命在 21 ~ 65 岁的人口数从占总人口比例的 54% 激增到 72%,寿命为 65 岁的男性的期望寿命从 12.7 年增长为 15.3 年（即从 77.7 岁增长为 80.3 岁）而人口出生率却下降了近 10%。因此，在职人员对退休人员的比率也从 1940 年的 42 : 1 增长到目前的 3 : 1 左右。

看一下社会保险体系的演化，我们从中发现一个关键问题：要对这样一个基础数据不断变化的系统进行管理，绝对不是一件轻而易举的事情。我们不可能利用过去的平均数去推断今天的现实，因为这些

数据根本就不能准确代表今天的平均状况。

这一点同样适合于投资。最突出的一个事例体现为：投资者们总是习惯于乐此不疲地用市盈率历史平均数去评价今天的市场或是某一只股票。但是，这样做的前提必须是以往平均比率能充分反映当前的实际情况。如果总体特征一直在随时间变动，数据本身就是不稳定的。如果忽视数据的稳定性，把历史平均值用于目前的统计总体，很可能会导致误导性的结论。

针对市盈率的理论分析和实证分析都指出，它们本身就有可能是不稳定的。事实上，相关研究已经告诉我们，在过去的 125 年里，年初市盈率与随后 12 个月及 24 个月市盈率之间的关联性在统计上不具有显著性。更直白地说，在典型的投资期限内，市盈率的历史平均值对投资者认识市场收益率的借鉴意义并不大，甚至可以说一无是处。

尽管认识到市盈率的潜在非稳定性是非常重要的，但是，了解它们不稳定的原因也许更有实践意义。导致市盈率不稳定性的三个主要根源是：税收和通货膨胀的作用、经济构成的变化以及股权风险溢价的转化。

## 历史也许并不是今天的序幕

金融学中的一个基础概念是：投资者在对资产进行定价的时候，需要考虑适当的税后盈利率（按预期风险进行调整）、通货膨胀率以及交易成本。因此，税法和通货膨胀率的变化必将对市场的适宜价值产生实质性影响，进而影响到市盈率。

税收的作用在理论上是毫无争议的。当股利税和资本利得税增加的时候，要获得相同的净收益，投资者就要求得到更高的税前收益。因此，在其他条件保持一致的情况下，降低税率将导致更高的市盈率，

反之亦然。在过去的40年里，税率一直处于频繁的变动之中（见图20.1）。20世纪60年代初期，政府对股利的征收税率曾经接近90%，但到了2003年却已经减少至15%。资本利得税则一直在20%和35%之间徘徊不定，但是到了21世纪初，却突然降至15%。

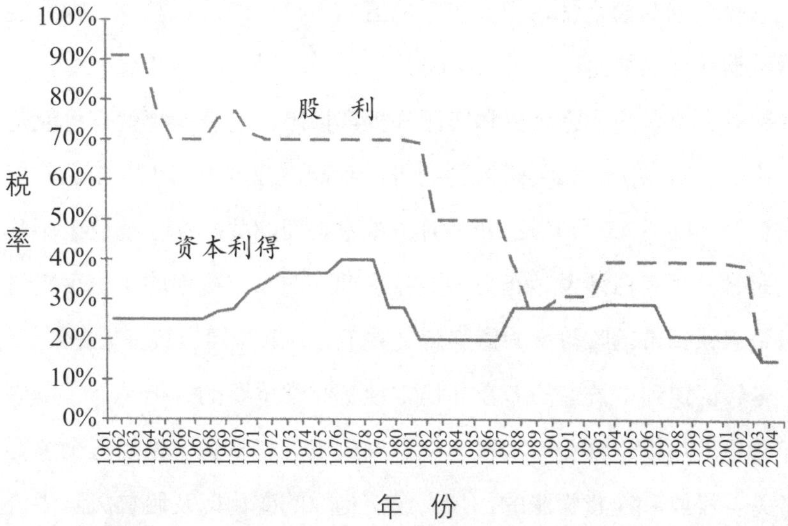


资料来源：HOLT，美国资本结构委员会（American Council for Capital Formation ACCF）。http://www.accf.org

图 20.1 税率的历史变动情况

税率和通货膨胀率之间的交替作用同样也是非常重要的。在预期通货膨胀率将要上涨的时候，以真实税后收益为目标的投资者，必然要求增加其税前收益。

图20.2说明了1960年到2004年期间各年度通货膨胀率（包括预测值）的变化以及5年期的通货膨胀率波动情况。20世纪70年代，高通货膨胀率和高名义资本利得税同时出现，并由此造就了极高的折现率以及极低的市盈率。通货膨胀还会扭曲财务报表的真实状况。当

税率和通货膨胀率出现变化的时候，也必将会导致市盈率出现明显的变动。

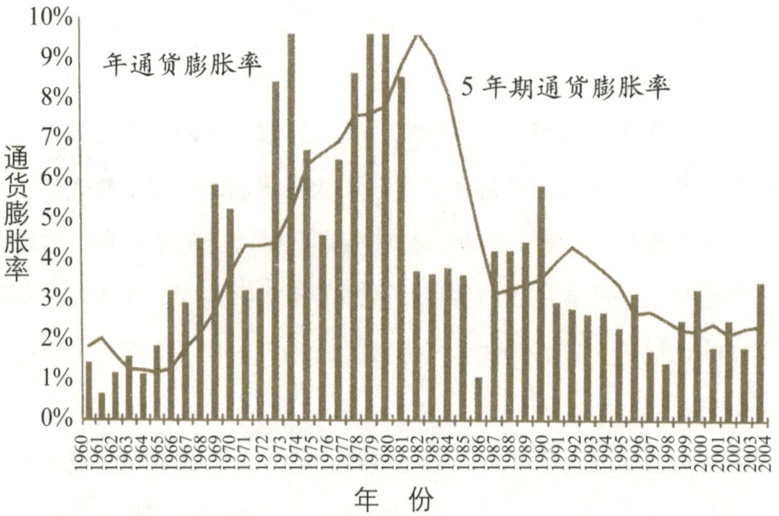


资料来源：美国劳动部。

图 20.2　通货膨胀率

影响市盈率的第二个因素在于：全球经济的基石正在从有形资本向无形资本转移。新工厂之类的有形投资在资产负债表上加以确认，并按其使用寿命期限予以折旧。相比之下，对于研发和广告之类的无形资产，企业一般会在支出发生时立即确认为费用。

因此，决定企业名义收益的是投资形式，而不是投资规模。当企业对有形资产和无形资产采取不同确认原则的时候，即便相同投资能带来相同的投资回报率，但企业的最终收益率却有可能相去甚远。总之，依赖于无形资产的企业将获得更高的现金—净收入比。

为了说明这一点，我们从美国道琼斯指数中选取两个示例。第一组姑且称为有形组，包括美国铝业公司（Alcoa）、卡特彼勒（Caterpillar）、

联合技术（United Technologies）以及沃尔玛。而无形组则包括奥驰亚（Altria）、可口可乐、微软和宝洁。在截至 2004 年的 5 个财政报道年度内，有形组的现金—净收入比为 44%，而无形组的现金流 - 净收入却高达 95%。

大量有说服力的证据都表明，当今的全球经济正在从依赖于有形资产转而依赖无形资产，具体体现为市场价值—账面价值比的作用日渐重要，劳动力分配的日益合理化以及教育培训地位的不断提高。此外，在依赖无形资产的业务中，由于资产负债表上的资产项目寥寥无几，因此，这些业务往往会体现出较高的资本收益率。在其他因素保持不变的情况下，较高的现金—净收入比和资本收益率必将造就更高的市盈率。

决定市盈率的最后一个因素是股权风险溢价，或者说投资者为弥补风险而要求的超过无风险有价证券收益以上的回报。股权风险溢价本身就是不稳定的。尽管决定风险溢价的是大量因素的综合作用，其中包括未来的增长率预测，但是，投资者的总体风险偏好依然非常重要。在总体状况较为乐观的时段内，股权风险溢价会出现萎缩，当投资者较为谨慎的时候，股权风险溢价则会出现上涨。投资者对风险预期的起起落落，很有可能会加剧市盈率的不稳定性。

## 有价值的经验参照值

在过去的 130 年内，市场的市盈率一直维持在略超过 14% 的水平上。在此期间，市盈率的具体数值一直在这个水平上徘徊跳动。这是否足以证明，市场的市盈率最终必将会回复到 14% 这个水平上呢？

我相信，这个问题的答案绝对是否定的。无论发生什么，在造成不稳定性的三个因素中，税收 / 通货膨胀率和股权风险溢价这两个因

素都可能是有界的。也就是说，不管波动范围有多大，但这种波动的范围却是我们可以预测的。从长期上看（即10年左右或以上），我们可以对这两个因素做出较为精确的平均，但它们却是几十年以后造成市盈率起伏跌宕的根源。

在会计系统缺乏灵活性的情况下，如其他所有因素保持不变，第三个因素不断演化的经济则会导致较高的市盈率。这个结论的前提很简单：和那些对投资实施资本化的企业相比，采取投资费用化的企业倾向于具有较高的现金—净收入比。这很有可能是一个长期性的趋势。

但是，对服务类和技术类企业而言，它们的可持续竞争优势持续期一般短于以往的有形资本类企业，这一事实无疑将抵消这种市盈率的正向偏差。因此，在扣除上述抵消作用之后，调整后的市盈率与历史平均值的差别可能不会太大。但是，决定市盈率的基础经济机理却发生了显著的变化。

由于市盈率很可能是不稳定的，因此，投资者应以谨慎的保守态度运用市盈率。市盈率的吸引力在于，它往往是一个非常有价值的经验参照值。但是在我看来，如果能放弃某些缺乏坚实基础的传统假设，坚持使用市盈率的投资者将会收益颇丰。这样，我们就可以揭示出当今环境（比如说经济增长率、通货膨胀、税收、风险偏好和经济结构）如何不同于过去，其原因何在以及这种差异对市盈率的影响。

# 第21章

# 均值回归和复苏

## *永不停息的市场轮回*

该研究的主要结论体现为：在现实世界中，真正能实现持续性超额经济收益的情况少之又少，这只能说明，要实现持续性超额经济业绩是极其困难的。另一个与此相关的结论则体现为：即便超额收益业已实现且维持一定的时间，从这个高峰上跌落下来的可能性也依然非常大。

——罗伯特·维金斯（Robert R. Wiggins）和
蒂莫西·鲁弗里（Timothy W. Ruefli）
《可持续竞争优势》（*Sustained Competitive Advantage*）作者

## 在增长中走向破产

在 2004 年发表于《纽约时报》上的一篇文章中，金融学教授约瑟夫·拉格尼沙克 (Josef Lakonishok) 指出，股票市场上存在着很多“疯狂之源”（Pockets of Craziness）。拉格尼沙克提出的事例是以增长率和市盈率之间的关系为基础的，他指出，对市盈率居高不下的公司，市场上的收益增长率是不现实的。通过和其他两位同事进行的研究，拉格尼沙克还发现，极少有公司能长期维持高增长率。

真正决定市盈率的到底是什么呢？一个企业的价值是增长率的市场预期及其经济收益的函数。这个基本概念告诉我们，为什么说孤立看待增长率可能会造成误解。增长率可能很理想（企业收入超过其资金成本），或令人失望（收入低于资金成本），也可能是中性的（收益等于资金成本）。

在对增长率做出判断之前，我们首先需要对企业所赚取的收益是否恰当有一个清楚的认识。企业完全有可能在增长之中走向破产，这样的事例屡见不鲜。同样，某些低增长率、高收益的企业却始终能为投资者带来溢价。由此可见，如果我们脱离经济收益去研究增长率只能招致灾难。

要真正解读一个企业的经济收益预期，就需要我们深刻理解竞争

战略的含义。战略分析的目的在于对以下 3 个基本问题做出解答。

1. 企业目前的投资回报是否超过资金成本？或者说，是否有足够的理由让我们相信，企业能在未来获得有吸引力的收益？

2. 如果收益确实超过资金成本，企业能在多长时间内维持这种超额收益？

3. 一旦企业的收益低于资金成本，哪些能力或者说优势能帮助它们恢复元气，满足上述的要求？

在本节中，我们将详细探讨后面的两个问题，并通过来自技术和零售业的实证数据，把这些观点诉诸于实践。

## 死亡、税款与均值回归

一个经过实证检验的微观经济学理论告诉我们：随着时间的推移，企业的投资回报率最终将回归资本成本。这个理论是显而易见的，即使凭借直觉，我们也可以认识这一点。收益率较高的企业必然会招致竞争，并导致越来越多的资本涌入这个行业，从而使收益逐渐逼近机会成本。同样，收益较低的行业则会出现资本逃逸，具体可以表现为破产、减资或是合并，进而推动收益回复到资本成本的水平。

图 21.1 通过 450 家技术类公司在 1979 ～ 1996 年的情况说明了这个过程。瑞士信贷以投资现金回报率（Cash Flow Return on Investment, CFROI）为标准，按所有企业的收益四分位数把这些公司分为四组。由于投资现金回报率是真实的税后收益指标，因此，利息率和通货膨胀率的任何潜在偏差都不会影响到时间序列的选择。

最上面一组在排序初期实现 15% 的平均投资现金回报率，但在仅仅 5 年之后就下跌到 6%。而业绩最差的一组，在 5 年时间内则从初期 -15% 的平均投资现金回报率趋近于零（但仍然低于资本成本）。中间两组则围绕资本成本呈现出较高的稳定性。收益最高和最低的两组在评价初期的收益差异为 3 000 个基点，但是在 10 年之后，收益差却只有 300 点。尽管 10 年的时间还不足以完成一个均值回归周期，但这段时间已经足以体现该周期的大部分过程。

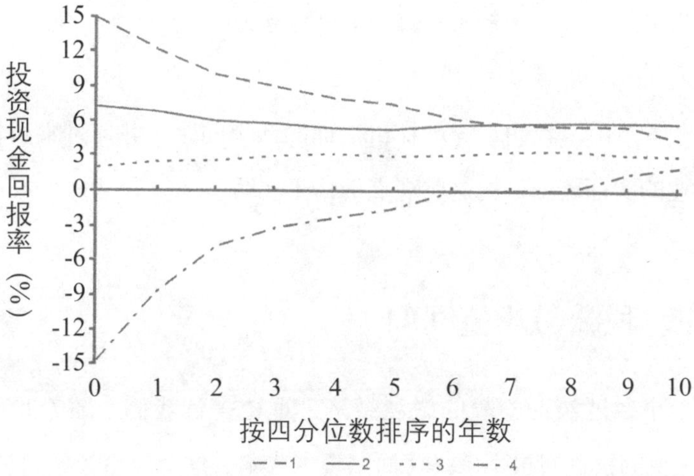


资料来源：HOLT。

图 21.1 美国技术类公司的投资现金回报率下降趋势

按照这个理论，退出机制在改善后 1/4 企业方面发挥着核心作用。在这些企业中，只有 60% 依然在持续经营，其他的绝大部分均已告破产或被收购。这种亏损形成了一种幸存者偏差 (Survivorship Bias)[①]，使得收益在随后的 10 年内逐渐上升。相对而言，在收益最高的 1/4 企

① 幸存者偏差是一种在研究方法论上常见的错误，也就是说，只根据少部分成功案例的历史来了解成功的原因，而没有对所有的成功和失败的案例进行系统性对比。

业中，此后 5 年的生存率则达到了 85% 。四组企业的退出率在 5 年之后趋于平均。

很多均值回归研究都有一个共同的特征：有些（尽管并非全部）企业不仅能长期保持较高的收益率，而且在现实中也不乏例证。在对 1950 年到 2001 年之间近 700 家零售企业进行的研究中，研究者发现，14% 企业的收益率始终不低于资本成本。通过对 1960 年到 1996 年之间的 1 700 家技术类企业进行研究，学者们也发现，11% 的企业一直维持着超额收益率。

维持高收益率是一个巨大的潜在财富源泉。我们可以假设，两个企业的初始收益率和未来的经济增长率完全相同，如果一个企业的收益率能在更长的时期内超过其资本成本，这个企业显然更有价值，因此，它在交易中的市盈率也必然相对较高。

如果对高收益企业从战略角度进行分析的话，不仅可以帮助我们揭示出超额利差的来源。这无论对于消费者还是生产者来说都是一种优势，更重要的是，还可以为我们提供一个基本研究框架，去认识这种优势所能持续的时期。此外，某些企业（尤其是网络企业和知识型企业）的收益在增长过程中持续增加。因此，孤立地强调增长，可能会忽略一个企业的战略优势以及由此而来的经济效应。

## 价值陷阱与市场均衡的原动力

股票价格反映了投资者的预期，而实现超额长期回报的关键则是对预期进行合理的修订。从这个结论出发，我们可以导出另一个重要的推论：企业本身是好（高收益）是坏（低收益），这并不是决定其是否具有吸引力的内在因素。投资者需要针对预期对所有企业的股票价格进行评价。

为了说明这个问题，我们有必要剖析一个特殊类型的企业，即已经进入衰退期的企业。在这里，我们把衰退定义为投资现金回报率在连续两年内高于资本成本之后，又连续两年低于资本成本。

这个分析对价值型投资者来说尤为重要，因为价值型投资者的目标就是购入在统计上表现为廉价的企业，然后再期待经济的好转。典型的价值陷阱就是买入廉价企业，而这些企业的低收益率却使它们本身根本就不值钱。但是，在市场尚未预期到经济好转的情况下，如果买入一个因暂时性衰退而表现出低收益的廉价企业，则肯定是一个实现收益的潜在机会。

表 21.1 说明了一个已进入衰退期的企业。研究样本包括来自技术类和零售业的近 1 200 家公司。来自这两个行业的数据存在着惊人的相似之处，它们的市场表现都无一例外地令人沮丧：只有 30% 左右的企业表现出持续性复苏。（瑞士信贷把“持续性复苏”定义为收益率在连续两年内低于资本成本之后，又连续三年超过平均收益率。）大约有 1/4 的企业未能实现持续性复苏。其余不到一半的企业既没有看到任何好转，也没有就此消失。实际上，这些企业既可以选择体面地消失（被收购），也可以无可奈何地销声匿迹（破产）。

表 21.1　难以自拔的陷阱

| | 技术类 *（%） | 零售类 **（%） |
|---|---|---|
| 无好转 | 45 | 48 |
| 无持续性好转 | 26 | 23 |
| 持续性好转 | 29 | 29 |
| *712 个样本选自 1960 到 1996 年。 | | |
| **445 个样本选自 1950 到 2001 年。 | | |

资料来源：HOLT。

该分析还说明了企业所经历的衰退期有多长。无论是对于技术类企业还是零售企业，均有 27% 左右的企业只经历了 2 年的衰退期，而对于超过 60% 的企业，其衰退期却接近 5 年之久。换句话说，对于大多数熬过衰退期的企业，他们的命运马上就能见分晓。

这些反映均值回归和复苏的数据告诉我们，强大的竞争力始终是市场均衡的原动力。大多数廉价股票之所以廉价，自然有其原因，对于低收益企业而言，要重新恢复超过资本成本的长期收益，其可能性是微乎其微的。

持续性高收益的存在（同时，市场又对这种持续性给予了错误的定价）却告诉投资者：只要能深刻认识到竞争的态势，并保持足够的投资期限，他们就有机会实现长期的超额收益。

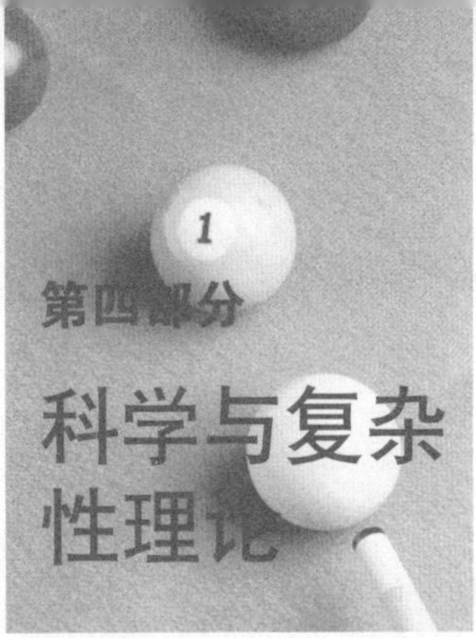

# 第四部分

# 科学与复杂性理论

在 2003 年 8 月的东海岸大停电事故发生之后，我的第一反应是拨通朋友哥伦比亚大学的社会学教授邓肯 · 瓦兹的电话。在电话里，我对这次停电事件一股脑地提出了一连串问题：造成这次事故的原因可能是什么？事件是怎样逐渐扩大的？以及可以通过哪些措施避免再度出现类似事件。

你也许会问，既然是一场停电事故，为什么要给社会学家打电话呢？事实上，瓦兹还拥有理论与应用数学的博士学位，他目前还是网络理论的国际知名学者之一。他不仅在社会学研究领域中取得了令人称叹的成就，而且在物理学和社会学的跨学科研究中同样得心应手。在我们无所不谈的讨论中，他谈到了停电事件、哈里 · 波特的成功、股票市场的膨胀以及流感的蔓延。

在大学校园里，自然科学和社会科学往往截然区分、势不两立，但两者之间的真正隔阂却在于理念，而不在于空间和时间。最近几年，一些像邓肯 · 瓦兹这样的科学家向人们展示了跨学科思维的价值。物理学家、心理学家和复合理论家为我们认识金融市场提供了很多有价值的借鉴。

科学可以让投资者体会到很多东西。本部分的各篇论文将为我们介绍一些重要的机理，说明什么样的市场有效（无效），探讨某些传统金融学无法解答的实证性结果，并阐述了为什么说简单的因果关系无益于我们解读市场。

在这个问题上，蚂蚁和蜜蜂之类的群居类昆虫也许值得我们关注一下，因为它们向人类展现了分散性群体通过相互协调解决问题的方式。本部分将探讨多种形式的集体性解决问题方式，包括蜜蜂的摆动舞以及好莱坞股票交易所。

毫无疑问，股票市场是最典型的复杂适应系统——因不同异质介质相互作用而形成的体系。相关研究表明，当某个投资者的错误不影响其他投资者的时候，市场就能有效地发挥作用。此外，合理定义市场有效的条件也为我们思考无效市场提供了一个可以参照的模板。

在规范的金融学理论中，很多模型均假设价格的变动表现为钟形曲线的正态分布。由于只需要两个参数——均值和标准差，我们就可以明确分布的表达式，因此，正态分布是一种有效的分析工具。

尽管这个模型很简洁，但也有着不可回避的问题：它无法精确反映我们这个纷繁复杂的现实世界。尤其是这些模型并没有意识到肥尾分布 (Fat Tails) 的存在，即不经常出现的价格剧变。此外，由于风险管理模型并不能充分解释出现肥尾分布的原因，也往往会导致灾难性的结果，其中包括 1998 年长期资本管理公司的崩盘。

肥尾分布与幂次法则紧密相关，该法则体现了两个变量之间的数学关系：两个变量的特征分别表现为频繁出现的小规模事件和偶尔出现的大规模事件。幂次法则以实证方式反映了城市规模、地震

以及收入分布等多种多样的复杂关系。尽管科研人员尚未掌握幂次法则背后的机理，但是，它们的客观存在却为投资者认识市场提供了一个近乎完美的视角。

人类总有一种不可抗拒的欲望：把原因和结果联系在一起。不幸的是，市场却不愿意满足这个欲望。和很多机械系统不同的是，我们不可能根据其中的某些部分去认识整个市场。一味的简化不会给我们带来任何结果。但我们还是一意孤行地希望通过个体去解释市场的整体运行规律。一只仅了解局部信息和局部相互作用的蚂蚁，永远也不可能了解整个蚁群的动向，同样，即便是最权威的市场专家也不可能解释最普通的市场。

复杂适应系统还有一个难以把握的特征：结果的幅度并不一定和扰动的幅度成比例。某些情况下，小规模的扰动可以造成大幅度的变化，抑或相反。因此，在研究市场的时候，我们必须放弃比例的概念。

最近几年，科研人员已经开始采取新的模式去应对自然科学和社会科学之间的联系，同样，跨越狭隘的学科限制，将会使股票市场上的投资者受益匪浅。

第22章

# 迷宫、蚂蚁和资金管理

*多样化的信息来源助力业绩增长*

看的书越多，我们知道的就越多。
学的东西越多，我们能去的地方也越多。

——苏斯博士 (Dr. Seuss)
美国儿童小说及卡通大师

## 蚂蚁，为何让久经沙场的投资老兵汗颜？

2000 年秋天，我组织一些顶尖投资者举办了一次以金融、战略和商业为主题的论坛。尽管与会人士都是业内出类拔萃的人物，但这些专业人士的演讲却不足以让他们成为论坛上的明星。相反，最佳演讲的荣誉颁发给了一位来自洛斯阿拉莫斯（Los Alamos）国家实验室的科学家——诺曼·约翰逊（Norman Johnson），他的开场白几乎让所有人都不知所措："你们请我到这里谈谈金融界专家的毛病——当然，这是一个我一无所知的领域。"

约翰逊到底说了些什么，居然能让这些久经沙场的投资者大惊失色呢？很简单，他只是告诉大家，由"一般人"组成的种种群体是怎样通过集体行动，比专家更好地解决问题。借助于蚂蚁和蜜蜂之类的群居性昆虫，约翰逊阐述了自己的观点。正是这些昆虫不可思议的行动，激发了倾听者的想象力。

约翰逊的讲话主要集中在宏观层次，或者说，如何以集体方式解决问题。显然，这和认识市场有效性的形成方式密切相关。在这里，我想说的是微观层次，或者说，作为个体，投资者为了投资成功应如何进行合理的组织。尽管分析的对象不同，但其中的蕴意却是相同的：多样化的信息和观点有助于改进投资者的业绩。

现在，我们再来认真探讨一下你的信息来源。你是否只看同一种报纸、只和同一个人谈话或是只分析同一类研究报告？或者说，你是否愿意多花点时间去听取新的想法？即便是浪费点时间，把那些钻牛角尖的学术问题扔在一边，也没有什么大不了的。大量证据已经有力地证明：在很多领域，不仅仅是投资，信息来源的多样性能为主流学者创造更丰富的思想源泉，让他们受益无穷。

## 集体，不止是由更多人组成的普通个体

在讨论个体之前，我们首先探讨一下多样性是怎样带来更完美的答案的，以及缺乏多样性将如何导致无效性。约翰逊借助于迷宫游戏向我们阐述了集体优越于一般个体的根源：

> 首先，他让一些具有相同能力的个人去解答同一个迷宫问题。由于个人对问题缺乏整体性认识，因此，他们只能不断地进行猜测和尝试，直至找到答案为止；
>
> 然后，他再次让这些人独立解答问题。但却为他们提供一些有参考价值的信息。这一次，他们的表现有所改善；
>
> 最后，他按个人的专长和经验组成一个集体，按照同样的规则去寻求集体性解决方案。

由于每个人的初始探索都是随机的，因此，由个人组成的集体反映了多样性的经验（迷宫的范围）、偏好（优先路径）和表现（路径的程度）。所以，集体只是一个由更多人组成的普通个体。但由于集体所持有的信息具有多样性，这就使得集体性解决方案总比一般个体的解决方案更优越（见图 22.1）。

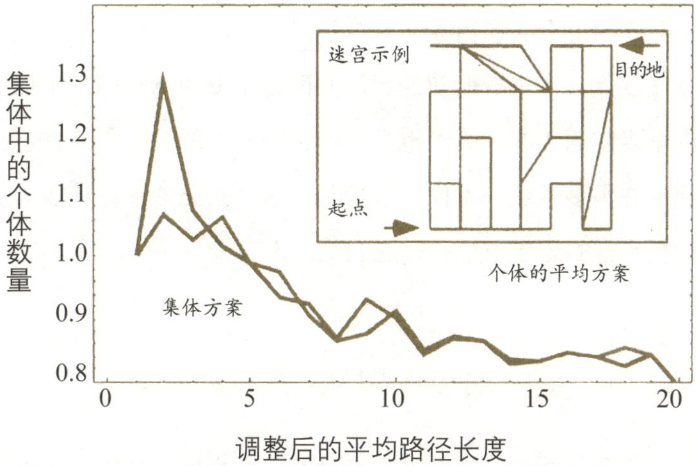


图中说明了本文所提到的迷宫游戏。主图说明，对于两组人数随机确定的集体，增加参与者数量对集体性解决方案产生的影响。为了增加可比性，在图中，集体完成迷宫所需要的步数以参与集体中所有个体的平均步数为基准（设为 1.0），这样，我们就可以按完成游戏所走过的路径长度对集体和个体进行比较（路径越短，方案越优越）。

资料来源：诺曼·约翰逊。见 http: //www.ishi.lanl/gov/symintel.html。

**图 22.1　集体优于个体**

集体效应的力量在自然界同样也有所体现。这也是约翰逊提到蚂蚁的缘由。蚂蚁是怎么做的呢？离开蚁穴的觅食蚂蚁只有一项任务：寻找食物，然后再把食物带回蚁巢。它们还有一种遗留并跟踪化学物质的能力。首先，这些觅食蚂蚁漫无目的地随机乱爬。当蚂蚁找到食物返回巢穴的时候，它们会在路上留下一种特殊的化学物质，这样，其他蚂蚁就可以循着原来的路径继续寻找食物。研究表明，这个过程总能让蚂蚁找到觅食的最短路径。

当研究人员认识到蚂蚁的这种集体行动能力时，就可以和这些蚂蚁开一个玩笑了。在一个由研究人员人为控制的环境内，科研人员把两个食物放在与蚁穴距离相同的不同地点。结果表明，尽管可以随机选择，但蚂蚁最终却只采用了同一条路径。原因何在呢？因为它们只

能跟随第一只蚂蚁留下的足迹，这样，当十几只蚂蚁遵循同一路径时，就会吸引越来越多的蚂蚁走上这条路径，这就形成了一个封闭式的正反馈环。于是，它们就不再去寻找其他路径，而是挤在同一条路上，而另一条路上却空空如也。

令人惊奇的是，大自然也能预见到这个问题。事实证明，在经过一定的时间之后，蚂蚁会脱离原来的主要路径，重新开始随机的寻觅过程。似乎有一种周而复始的“程序”，控制着蚂蚁在利用已知食物源和探索新食物源之间建立新的平衡（见图 22.2）。约翰逊称之为“乱发”（Wild Hair）选择。为了生存，蚂蚁注定要去追寻更丰富的多样性。

资料来源：Sente 公司。

图 22.2 “乱发”选择

## 索罗斯的大脑有何不同

迷宫、蚂蚁与资金管理这样一个富有挑战性的工作又有什么关系呢？实践证明，两者密切关联。生物学家霍勒斯·巴洛（Horace Barlow）认为，智慧的内涵无非就是为了发现某些新的基本秩序而去

猜测。比如说解决问题、认识辩论中的逻辑基础或是进行适当的类比。那么，投资的智慧又来自何处呢？

这也正是说为什么诺曼·约翰逊的观点对投资者非常重要的原因。在一个明确而严格的系统中，专业人员的价值在于他们能提供以规则为基础的解决方案。但是，当一个系统变得越来越复杂的时候，由个人组成的集体往往能比个体更好地解决问题——哪怕这个人是专家也不能例外。这意味着，股票市场在大多数时候都有可能比大多数人更聪明，这一点已经为实践所证明。

约翰逊还进一步指出，要在股票市场这样一种复杂的系统中成为专家，你就必须具备两种最基本的特征。首先，你必须在自己的大脑中创建一种“模拟”，这样，你就可以去感受和选择自己所需要的战略。具有传奇色彩的对冲基金管理大师乔治·索罗斯的故事就为我们阐述了这一点：

> 加里·格莱德斯坦（Gary Gladstein）曾经在索罗斯身边工作了15年，在他的眼里，这位上司的工作方式近乎神奇。他认为，索罗斯的特长在于他总能以形象具体的方式去看待整个世界的资金流和信贷流。“他能从宏观角度去认识整个世界。他接受所有信息，然后再消化吸收，确定应该如何筛选这些信息，并从中提炼出自己的观点。他会经常查阅图表，但是他所处理的绝大多数信息却是可以言传身教的，而不是枯燥乏味的统计数字。”
>
> 此外，我们还需要用多样化的信息来源，来丰富我们的思维情感系统。模仿能力在很大程度上也许是不可更改的(尽管我们可以改善整个领域的技能)，但追求多样性的思维模式却是我们可以控制的。

心理学家唐纳德·坎贝尔（Donald Campbell）用相同的口吻为我们描述了这种情况，他把创造性思维过程比做“漫天遍野的搜寻和选择性的选用”。换句话说，创造性的思维者总是在寻求各种各样的观念和想法，但最终却只选择那些有利于实现既定目标的想法。

观念的多样性可以帮助我们发现约翰逊所说的“弱势信号”(Weak Signal)。弱势信号预示着一种摆脱主流路线的趋势已经形成（思考新的技术或发展动向)，或是在合适的时候从意料之外的来源获得正确信息。事实上，最近进行的一项研究表明，在某些组织内部，非正式的学习可以满足企业 70% 的学习要求。在很多情况下，我们根本不知道从哪里能找到有价值的信息。相关证据显示，多样化的信息来源更有可能让我们发现有价值的观点和思路。

## 活跃在投资界的创客

美林·林奇资产管理公司前总裁阿瑟·泽克尔（Arthur Zeikel)在一篇经典文章中指出，出色的投资业绩要求公司关键人物具有足够的创造力。他认为，创造性人物具有如下特征：

- 富于理性的好奇心
- 对新知识具有足够的灵活性和接受能力
- 能认识问题，接受问题，并对问题做出清晰准确的定义
- 以不同方式整合信息，得出创造性解决方案
- 敢于摆脱权威和传统的束缚
- 思维活跃，富于激情，精力充沛，勇于探索
- 睿智理性
- 一切以目标为导向

多样性是很多自然过程和认知过程的发展源泉。如果投资方式或是信息来源过于狭窄的话，投资者必然会承担着丧失多样性的风险。当然，多样性也不是完美无缺，太多的选择往往意味着要从大量可能没有价值的信息来源中进行筛选。均衡利弊，多样性会让我们的生活更加绚丽多姿，让投资者的思维更加丰富多彩。

# 第23章

## 蜜蜂指路

### *投资者的集体智慧和思维*

蜂群最发人深省的特征在于：尽管没有领导者，但成千上万只蜜蜂却总能协调一致，相互配合。

蜂群的内在一致性依赖于以自然选择过程为目标的分散性控制机理……这一点与自然界的种群秩序和人类世界的竞争性市场经济有着异曲同工之处。

——托马斯·D. 西利（Thomas D. Seeley）
《蜂群的智慧》（*The Wisdom of the Hive*）作者

决策市场把众多个人的已知信息整合为一个共同的信息源，和新闻媒体、同级评议和意见调查等常见的信息整合机构相比，决策市场有着很多不可比拟的优势。投机性市场是集中性的，市场参与者之间的地位相对较为平等，它能为我们所面对的问题提供直接、精确而及时的答案。

——罗宾·D. 汉森（Robin D.Hanson）
《决策市场》（*Decision Markets*）作者

## 聪明绝顶的蜜蜂

在精彩纷呈的《蜂群的智慧》一书中，康奈尔大学的生物学家托马斯告诉我们，在返回蜂房后，觅食归来的蜜蜂会通过简单的舞蹈告诉蜂群中的其他蜜蜂：食物在什么地方。但最令人称叹的是，舞蹈的持续时间不仅能反映觅食地点的食物数量，还能体现蜂群所需要的食物类型。

换句话说，每一只蜜蜂通过舞蹈所进行的沟通，都能同时考虑到蜂群所面临的机会和它们的需要。因此，即使没有任何一只蜜蜂处于控制地位，但蜂群的整体协调方式却足以让它们运转自如。

蚂蚁也向我们展现出同样令人称奇的集体行为模式。著名的蚂蚁研究专家黛博拉·高登（Deborah Gordon）发现，蚂蚁把墓地安置在离蚁群最远的地方，更奇妙的是，在选择垃圾堆的地点时，它们总能保证蚁群到坟地具有最大的距离。尽管不是有意识的行为，但蚂蚁却能以近乎标准智力测验般的方式解决了微妙的空间布局问题。

对于蜜蜂或是蚂蚁这样的群居昆虫，其行为方式的最神奇之处在于，根本不存在核心性的领导者，也没有任何一只昆虫专门负责交通。但是，这些由简单个体形成的集体却能形成复杂、有效、适应于具体环境的结果。群体中的觅食者不仅有规律的生活周期，而且能有效地

根据环境改变其行为模式。这些分散性个体能以集体方式解决非常困难的问题，但最令人不可思议的是，它们解决问题的方法却完全不同于人类所偏爱的发号施令。

我认为有三种体系的行为依赖于集体行为：群居性的昆虫、决策市场以及股票市场。在这里，我们不妨考虑一下它们之间的异同之处，这也许可以帮助我们更好地认识市场运作机理。通过对比，笔者得出了这样的结论：尽管集体行为方式在很多情况下是非常有效的，但在这些系统之间却存在实质性的差异。

## 跟随蜂群，探寻创富的最短路径

在详细描述了蜂群的运作方式之后，西利对蜂群的组织方式进行了总结。按照西利总结的这些特征，我们可以考虑如何进行资源的最优化配置，并在蜂群和市场之间做一下比较。西利所总结的蜂群具有如下特征：

- 基于临时性专长而进行的劳动分工
- 工蜂之间不存在有形的联系
- 信息流之间的多样化路径
- 沟通方式的高度集约化
- 逆向（负）反馈
- 在没有集中规划情况下进行的协调

蜜蜂和蚂蚁的来来去去也许会让我们感到妙趣横生，但我们人类能从中学到些什么呢？通过这些群居性昆虫的组织模式，也许可以为我们解决一系列难以通过演绎方式应对的问题提供启示。

在这些问题中，最著名的范例就是旅行商问题[1]，研究人员认为，解决旅行商问题是实现组合优化的一个基础性前提。旅行商问题的目标就是为销售员找到一条走遍所有城市的最短路径。科学家已经指出，通过以蚂蚁觅食模式为基础的蚁群算法（Ant Algorithm），可以为我们提供质量远超过标准方法的结果。

## 神奇莫测的决策市场

群居性昆虫给我们带来的一个启示是：整体的效应往往要超过个体效应的加总。人类经常依赖于各个领域的专家，比如说医药、政治、金融或是公共政策。那么，这些专家真的能给我们带来更好的答案吗？或者说，是否能找到一种有效的方式，以集体的方式去充分利用众多个体的知识呢？

最近，决策市场正在引起人们越来越多的关注，通过这种方式，人们可以对相关问题的结果下赌注，并依据猜测的结果是否正确确定谁输钱、谁赢钱。事实证明，决策市场的准确率令人难以置信，和群居性昆虫一样，决策市场的成功同样也有赖于分布在群体之中的个体智慧。

最有名的决策市场是创建于 1988 年的爱荷华电子市场 (Iowa Electronic Markets ) 对总统选举结果进行的预测。该市场以美国总统候选人的得票率做赌注。预测的准确率相当惊人：在四次大选中，爱荷华电子市场的市价已经成为竞选结果的一个指示器，其准确率超过当时 3/4 的民意调查（总共有近 600 种调查）。此外，爱荷华电子市场还针对其他市场进行预测。

① 旅行商问题指给定各城市的地点及其相互距离，找出经过所有城市恰好一次并最终回到源点的最短路径。

决策市场的覆盖范围早已经超越了政治范畴。如果你想评价一下某部电影的票房收入，不妨看看好莱坞股票交易所 (Hollywood Stock Exchange)，在这里，经纪人的预测准确度可以让任何一位电影专家相形见绌。该交易所对奥斯卡（Oscar）奖提名方面的预测也极为精确。假如有人和你打赌，在热播中的电视连续剧《美国傻瓜》中，谁能成为未来的明星？只要有了他们的预测，你就可以毫不犹豫地下赌。

而最具流动性的决策市场之一则是 Bet Fair（英国的一家网络赌博门户网），他们的下赌对象非常广泛，从体育比赛到政治选举，再到股票市场，几乎无所不包。在这里，投资者可以看到该决策市场对诸多领域具体结果的预测，并根据评价结果下赌。

决策市场为什么能有如此之高的预测准确率呢？首先，在这些市场中，每个人都是各自领域的专家，他们具有某些方面的优势和特长，因此，他们可以根据自己的判断选择是否加入；其次，经纪人都有足够的动力保证自身预测的正确性，他们的收入来源于那些预测准确度不如自己的经纪人；最后，这些市场能连续提供实时预测，这本身就是有效的反馈形式。最终的结果是，决策市场集中了所有经纪人的信息，使他们解决复杂问题的效率远远超过个人所能达到的程度。

## 股市：最深奥的蜂群

股票市场具有很多与蚂蚁、蜜蜂等群居类昆虫相同的特征。这个市场也是在个别投资者的相互作用之下形成的。前面的讨论已经告诉我们，无论是蜂群还是决策市场，都能有效地解决问题。要更好地认识这些系统的运作机理，我们还要认识一下这些系统之间的异同之处。

蜂群和市场的最大差异也许体现于激励（回报）和价格的作用。在一个蜂群中，每一只蜜蜂的行为并不是为了实现自身福利的最大化，

而是为了整个蜂群利益的最大化。这是一种通过进化选择而形成的行为模式。而在市场中，每个交易商都在追求个人利益最大化的目标。这个差异也许是导致蜂群比市场更有效的原因所在，因为蜂群永远也不可能做出导致市场异常脆弱的正向反馈。

此外，在蜂群中没有价格这样的媒介物。在自由竞争的市场经济体系中，价格是不可或缺的介质，因为它可以帮助市场中的个人决定如何进行资源配置。在蜂群中，蜜蜂借助于舞蹈进行沟通，但是在市场中，价格的作用不仅仅体现为引导投资者，还能主动去影响投资者，甚至激发某些不健康的效仿行为。

同样，决策市场远不同于股票市场，因为它的时间范围是有限的，同时，决策市场的结果也具有明确的定义。这种具体性和确定性造成了结果在变动范围上的有限性，有效地限制了投机的边界。换句话说，冲动性的策略在决策市场上是永远也行不通的。此外，在股票市场上，股票的业绩也有可能会影响到企业的基本状况，而在决策市场中，结果和市场却是相互独立的。

## 投资者的异质化，价格的有效性

投资者可以从这个问题中有所启发。首先，即便局部的智慧是有限的，但分散性系统依然能有效地解决复杂问题。我们找到更便捷的途径去发挥集体智慧，这种分散性智慧的重要性必将日渐显著。

其次，我们总是有冲动要把所有解决问题的分散性体系融为一体，但是，某些重要的差异却是无法泯灭的，也正是这些差异之处，才决定了这些分散系统的特点和优势。例如，当投资者趋于异质性的时候，股票价格同样也将趋于有效化。但是当市场缺乏异质性时，投资者的个人偏差就不再互不相干了，此时的市场有可能出现过度投资现象。

因此，和蜂群以及决策市场相比，市场更有可能趋于过度。

最后需要指出的是，分散性系统一般更有活力。尽管暂时性的过度现象是不可避免的，但这样的市场却有能力对外界变化做出合理的调节和适应。因此，个别投资者不可能承担起作出理性判断的责任，相反，这个观点只能告诉我们，配置的效率源于市场本身的组织。市场的智慧是局部信息汇总的结果，正因为如此，要打败一个功能完善的市场，绝对不是什么容易的事情。

第24章

# 群众的眼睛揉不进沙子

*以集体的力量发现机会，解决问题，预见未来*

我们必须清楚，怎样才能通过仅掌握局部知识的个人以互动方式去解决这个问题。如果假设所有知识都以相同的方式为某个人所拥有，按照这样的方式，我们同样也可以假设，这些知识都归属于我们这些经济学家，但所有这一切无异于假设：因为不存在问题，我们就可以无视现实世界中重要而又意义非凡的诸多事物。

——弗雷德里希·哈耶克 (Friedrich Hayek)

即便交易商不是专家，但他们的集体判断却往往会异乎寻常的精确，因为市场在发现和整合多样化的信息源方面总是有效的。这似乎和用什么市场去预测没有什么关系。

——詹姆斯·索罗维基（James Surowiecki）

《让无所不能的 PAM 计划见鬼去吧？》（*Damn the Slam PAM Plan!*）作者

## 群体的精确性

大多数投资者都不会把出色的业绩归结于群体行为的结果。亚马逊的一篇书评指出，查尔斯·麦基（Charles Mackay）的巨作《非同寻常的大众幻想与群众性癫狂》（*Extraordinary Popular Delusions and the Madness of Crowds*）告诉我们，“民众的疯狂和混沌，能超越时空，预知无限”。把非凡重要的问题随便扔给乌合之众，似乎不是什么解决问题的好办法。

但是在最近几年，科研人员却开始越来越深刻地认识到：市场在信息集成方面有着无与伦比的能力。在互联网让我们这个世界融会贯通的时代里，认识到这种能力，将为我们开创一条新的道路，帮助我们寻找更有效的解决方案，解答那些难以冰释的困境，解决诸多纷繁复杂的问题，不断完善我们的预期。

当然，股票市场也不是无所不能的。毫无疑问，当投资者的行为相互关联时，市场上出现周期性的过热现象是不可避免的。但是在总体上看，大多数投资者和企业高管都无法认识到市场创造出精准答案的方式和原因。

并非所有集体都在以同样的方式运行着。在某些情况下，我们所面对的挑战就是为具体问题找到具体的解决方案，通常表现为个人所

掌握的知识或专长。另一个可以说明这个问题的集体形态是信息集成者，在这种情况下，该群体以集体方式解决某一个问题，或是预测某一结果，解决方案的质量或是预测准确度是群体中的绝大多数个体所无法比拟的。

投资者之所以需要关注群体的准确性，主要源于以下两个原因。首先，信息的集成位于市场有效性的核心层次。在这个问题上，我把这种市场的有效性定义为：个人在寻求超额收益时，不可能以系统化的方式对市场进行探寻。其次，如果企业能充分利用集体现有的信息，就有可能获得独有的竞争优势。在本文中，我们将介绍几个正在追寻这一目标的企业。

## 大海捞针不再难

在《麦肯锡季刊》（*Mckinsey Quarterly*）最近刊登的一篇文章中，谈到了一名生物技术企业管理者寻求一种蛋白质合成技术的故事。在公司内部进行了几个星期的搜寻之后，这位经理认为公司内部不存在这样的专家。三天之后，就在这位经理在电梯里和同事谈论这个问题的时候，旁边的一位女士打断了他们的谈话："我的博士论文题目就是这种蛋白质。你想看一下我的论文吗？"

在当今这个以知识为基础的经济大潮中，是否具有以最优化成本解决具体研究问题的能力，对企业成败的影响正在变得越来越重要。在这里，我们不妨以医药行业为例。在过去的 20 年里，研发在销售额中的比例已经接近翻番，一种新药从研发到接受 PDA 批准并上市，大约需要 6 亿美元的资金。

在大量进行研发活动的企业中，能否在实验室找到可以解决高深研究问题的专业人才，这本身就是一个巨大的挑战。假设有一个医药

公司，向全世界相关领域专家公布自己所面对的研究问题，而不只是在公司里拿工资的员工。那么，这个公司是否能更快地解决这些问题呢？或是以更低的成本、更低的风险去解决这些问题呢？

2001 年中期，为了解决这些问题，礼来公司（Eli Lilly）的高层管理者专门组建了一家名为 Innocentive①的新公司。到 2005 年，Innocentive 已经拥有了 35 家作为“搜寻者”的公司和 8 万名作为“问题解决者”的科研人员。在交纳一定的成员费之后，作为“搜寻者”的公司就可以把需要解决的问题张贴在网站上，并交纳获得相应解决方案需要支付的现金性奖金。而“问题解决者”则来自全球各地，其中有一半来自美国本土以外。

Innocentive 的业绩如何呢？尽管现在妄下定论似乎还为时过早，但初期经营的某些成果还是令人鼓舞的。以宝洁公司为例，他们在 2002 年的研发预算达到 17 亿美元，涉及的研发人员多达 9 500 人，其中的 1 200 人拥有博士学位。宝洁公司负责科技创新的副总裁拉里·休斯顿（Larry Huston）解释说，他之所以选择 Innocentive，是因为“有很多问题是公司内部力量所无法解决的”。通过 Innocentive，在宝洁公司第一批提交的问题中，已经有 45% 得到了圆满的解答，这已经超过了原定 1/3 的目标。

宝洁公司的故事说明了实现“解决者”群体多样化的重要性。休斯顿说：“我们的第一个问题竟然是被一位来自北卡罗来纳的专利律师解决的，他的正式工作是专利律师，他的业余爱好是晚上回家做化学试验，妻子在一边看爱情小说——他就是这么对我们说的。第二个问题的解答者是一名刚刚毕业的西班牙大学生，而第三个问题的答案

① 见http//innocentive.com，第一家为全球科技研发界创建的互联网奖励机制公司。在该网站上，公司可以公布亟待解决的研究问题，而世界各地的科学家可以为这些挑战提供答案，并相应赢得奖金。

则来自于印度的班加洛尔，第四个解答者是一位从事自由职业的化学咨询顾问。”

不难设想，在需要解决的问题和解决方案之间实现匹配，同样也是其他领域值得借鉴的一种策略。尽管可能存在知识产权问题以及内部信息或竞争性信息的不恰当披露等问题，但是，要在大海捞针的技术海洋中找到最适合的答案，Innocentive 的操作模式毕竟已经向前迈进了一大步。

## 连投资专家都自叹弗如

依靠集体创建一个市场是集合信息、解决问题的另一种有效途径。这种方法并不是把问题和具体的解决方案匹配在一起，而是通过群体，群策群力地共同解决问题，但解决方案的质量显然要高于任何个体，甚至专家也只能自叹弗如。

维多利亚时期的学者弗朗西斯·高尔顿（Francis Galton）就曾经谈到过这种群组集合（Group Aggregation）的能力。在 1907 年《自然》杂志上发表的名为《民众的声音》（*Vox Populi*）一文中，高尔顿讲述了一场特殊的比赛：在普利茅斯的西英格兰家禽家畜展览会上，举办了一场竞猜公牛体重的比赛。他召集了 787 名参赛者，每个人事先交纳 6 便士的参赛费。这笔费用主要是为了告诫人们，在决定是否参赛时应谨慎从事。高尔顿在文中提到，参赛选手中包括一些屠夫和农民，他们都是估算牲口体重的高手。他估计，其他很多人不过是滥竽充数，这些人也许只能凭借“道听途说”或是“信口开河”来猜测了。

高尔顿计算出所有参赛者估算值的中值，也就是他所说的“民众的声音”和均值。他发现，中值猜测结果的误差率在正确体重的 0.8% 范围内，而均值结果的误差率范围却只有 0.01%。为了说明如何得到

这些结果，高尔顿向我们列示了全部答案的分布情况。简单地说，在计算均值的时候，就已经剔除了误差，最终结果只不过是经过过滤的信息而已。

事实上，我们都曾经看到过很多来自“民众的声音”的结果。比如说，解答复杂的迷宫问题，猜测坛子中软豆糖的数量以及寻找丢失炸弹等。在这些案例中，信息集成所需要的必要条件包括集成的机理、做出正确答案的激励（回报）以及群体的异质性。

在前面的例子中，个体的集成仅仅是为了确定某种特有状态——公牛的体重、软豆糖的数量以及炸弹的位置，但却无法对未来的状态做出预测。那么，预计正在发生的事情和估计将要发生的事情，这两者之间又有什么差别呢？

差别当然是存在的，大量证据可以说明，集体能够很好地预见未来。惠普公司的科研人员告诉我们：即便是小规模的群体也能比个人做出更好的结果预测。很明显，惠普公司为预测销售额而建立的内部市场要比官方的内部预测更为精确。

## 群众疯狂与大众妄想

实践证明，集体善于实现“搜寻者”和“解决者”之间的匹配，确定当前和未来的状态。那么，我们应该怎样把这些结论运用于股票市场呢？

股票市场不同于我们所描绘的市场，因为在股票市场上，根本就不存在所谓的答案。股票本身永远也没有确定的时间范畴，也没有真实的价值。唯一的例外是已经确定的公司收购，在这种情况下，股票价格一般都能很精确地反映出企业的最终价值。因此，股票投资者更容易受到模仿行为的影响：只要能像别人那样，把股票卖给其他愿意

出更高价钱的买主，就可以为自己带来更高的收益。换一种说法，在股票市场上，合理实现信息集成的条件之一——群体的异质性——或是更多的条件将不复存在。

但我想说的是，真正的例外是“异常大众妄想”（Extraordinary Popular Delusions）和“群众的疯狂”（Madness of Crowds），而不是市场的规则。如果投资者能真正理解股票市场有效运行的方式和原因，他们就能更好地认识市场无效运行的方式和原因。此外，如果利用集体的智慧即民众的声音去识别和分辨企业，投资者必将在投资中占得先机。

# 第25章

## 来自两个极端世界的尾巴

### 肥尾分布与投资策略

维克托·尼德霍费尔把市场看成一个大赌场，人们的行为如同赌徒，因此，研究赌徒的行为也可以帮助我们认识市场中人的行为。他经常按照该理论进行小数额的资金交易。但是，他的方法也并非完美无缺。在出现大涨大落的时候……他就有可能遭受严重损失，因为他的投资模式本身就缺乏合理的防损机制。

——乔治·索罗斯

从统计数字上看，我已经完成了200万次交易……这些交易的平均利润率在70%左右。这个平均数字与随机结果的偏差大约在700点，如此之大的偏离绝对属于小概率事件，从概率角度说，发生这种偏离的频率几乎相当于用汽车回收站的配件组装成一家麦当劳餐厅。

——维克托·尼德霍费尔

《投机者的教育》（*The Education of a Speculator*）作者

## 从巴菲特致股东的信谈起

在 2001 年的致股东信中，沃伦·巴菲特对经验与风险进行了区分。尽管巴菲特的评论是针对伯克希尔·哈撒韦的保险业务，但他的观点同样适合于任何存在主观性的概率事件。

一方面，经验指代过去，它是在历史事件的基础上判断未来结果的概率。另一方面，风险则考虑历史（尤其是近期历史）未揭示事件的可能性及其潜在风险。巴菲特指出，由于没有相应的保费予以支撑，2001 年的保险业承受了巨大的恐怖主义风险，其原因在于，他们只看到了经验，却忽视了风险。

同样，投资者也需要区分经验与风险之间的差异。长期资本管理公司和尼德霍费尔的惨败或许可以说明其中的原委。然而，传统的标准财务理论并不一定适用于极端情况。通常，金融经济学家假设股票价格的变动是随机的，这就像花粉在分子冲击下在水中的运动。

在模型化理论彻底战胜实证性结果的情况下，金融理论开始把价格变动视为独立的分布变量，并一般假设：收益服从于正态分布，或者说对数型分布。这些假设的优点在于：投资者可以利用概率计算认识分布的均值和方差，因而，可以从统计的精确度出发，对价格变动的百分比进行预测。但也不是没有好消息，这些假设的很大一部分都

是合理的。而坏消息则像菲利普·安德森在上面所说的那句话：决定现实世界的是分布的尾部。

## 让尾部说话

正态分布是“随机游走”(Random Walk)[①]理论、资本性资产的定价、风险值（Value-at-Risk——VaR）[②]以及布莱克 - 斯科尔斯期权定价模型等金融学理论的基础。风险值模型的目的是对组合在既定概率下可能遭受的损失进行量化。尽管风险值模型的形式各异，基本的版本均假设以标准差作为风险的衡量尺度。在正态分布已知的情况下，我们可以直观地衡量标准差以及标准差所代表的风险水平。如果价格波动不符合正态分布的话，以标准差标量风险水平就有可能造成误导。

这些最早可以追溯到 20 世纪 60 年代初期的研究表明，价格波动并不符合正态分布。图 25.1 体现了 S&P500 指数的日收益率从 1979 年 1 月 1 日到 2005 年 10 月 31 日的频数分布，以及根据这些数据建立的正态分布。图 25.2 则突出了实际收益与正态分布之间的区别。通过这些图表，我们可以得出如下结论：

> 小幅度的变动频率似乎高于正态分布的预测。
>
> 中等幅度变动少于模型的预测结果(0.5 到 2.0 个标准差)。
>
> 尾部比正态分布模型更为宽大。这意味着，大幅度波动的频率高于预期。

① 随机游走理论认为股价波动是随机的，毫无规律而言，因此，也无法通过对历史数据的分析来预测未来的走向。

② 风险值指资产组合在持有期间内，在给定置信区间内由于市场价格变动所导致的最大预期损失值。

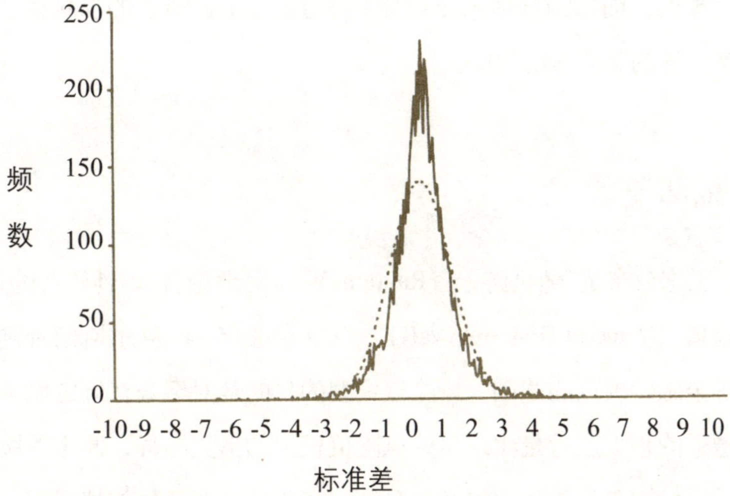


资料来源：FactSet，笔者分析。

图 25.1　S&P500 指数日收益率的频数分布（1979 年 1 月～ 2005 年 10 月）

肥尾分布也许值得我们多费一些笔墨。这些极端性价值波动的出现远比标准正态分布模型的预测更为频繁，这很有可能会对投资组合的业绩产生重大影响，尤其是对于杠杆组合。例如，在上图中为了便于绘图而剔除的 1998 年 10 月期间内，S&P500 指数暴跌幅度超过 20%，与均值的偏差达到了 20 个标准差。罗杰·罗温斯坦 (Roger Lowenstein) 指出：

> 经济学家后来发现，按照市场价格的历史波动数据，即使假设市场从宇宙诞生那一天就自始至终就存在，在一天时间里出现这种暴跌的概率也微乎其微。事实上，即便把宇宙的寿命再重复 10 亿次，出现这种暴跌的情况在理论上也是“不可能的”。

这种众多小规模事件和少数大规模事件并存的分布模式并不仅仅属于资产价格。实际上，胖尾分布也是系统在“自组织临界性”（Self-organized Criticality）[①]状态下的一个标志，自组织性是个别介质（在这个例子中为投资者）之间相互作用的结果，它不需要以任何领导者作为组织的核心。在临界状态下，小规模波动可能会导致很多类型的事件。自组织临界性是地震、停电事故以及交通阻塞等诸多复杂系统的特征。

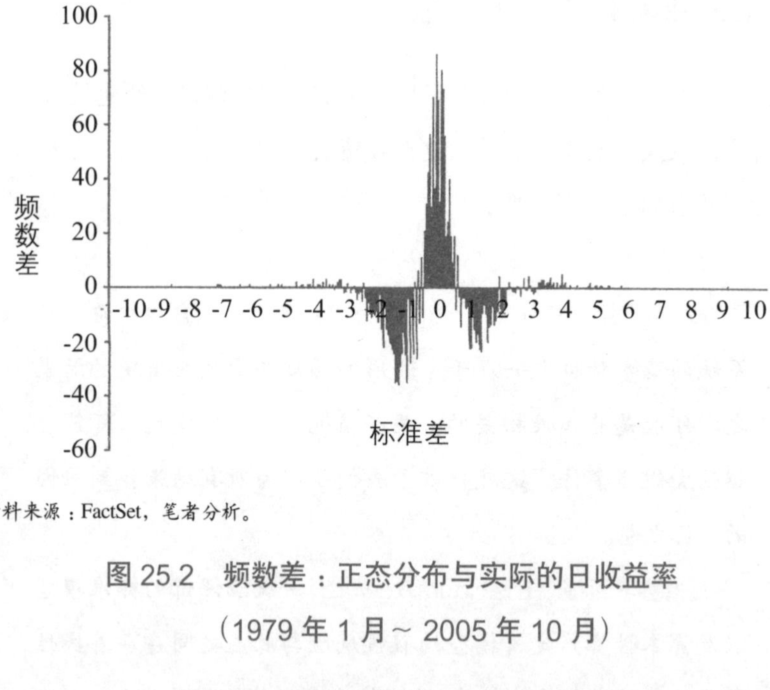


资料来源：FactSet，笔者分析。

图 25.2 频数差：正态分布与实际的日收益率
（1979 年 1 月～ 2005 年 10 月）

是否存在一种能帮助我们解释这些突发性聚变的机理呢？我认为是存在的，正如我在其他论文中所提到的，当充分多样的投资者相互作用时，市场一般能有效地发挥其职能。相反，当这种多样性受到破

① 自组织临界性指复杂系统发生突变的临界状态，比如资产价格的急剧变动。

坏，投资者均采用类似的行为模式时，市场则倾向于变得脆弱不堪（部分投资者的退出也有可能造成这种结果）。大量有关“羊群效应”的文献均阐述了这种现象。羊群效应就是大量投资者基于对他人行为的观察而做出相同的选择，而完全忽略自身现有的知识。另一个说明自组织临界性系统的示例是信息追随行为 (Information Cascade)[①]与羊群效应密切相关。

## 肥尾分布对投资者的启发

它留给投资者的思考太多了！价格的大幅度波动似乎远比预期频繁得多。从实务操作角度看，这对投资者来说又有什么意义呢？我认为如下几点启示尤其重要：

> **因果思维（Cause and Effect Thinking）**。自组织临界性系统的基本特征之一在于：波形的幅度与由此而出现的结果之间可能是非线性相关的。某些情况下，小规模输入可能会招致大规模事件。这就打破了我们试图为所有结果找到原因的一己之愿。
>
> **风险与回报（Risk and Reward）**。风险评价的标准模型以及资本性资产定价模型均假设风险与收益之间存在着线性关系。而事实却恰恰相反，非线性才是自组织临界性系统（比如股票市场）的内在特征。投资者必须随时牢记：金融学理论应反映来自现实世界的数据。学术界和投资界经常会探讨偏离均值 4 个乃至更多标准差的事件，这足以说明，在统计

① 信息追随行为即投资者不根据自己拥有的信息，而根据其他人的行为或信号做出雷同的决策或行为。

上广泛采用的衡量尺度并不适合于市场。

投资组合的结构（Portfolio Construction）。以标准差为尺度设计投资组合的投资者可能会低估风险（经验与风险的均衡）。这一点对于采用负债杠杆增加收益的组合来说尤其值得注意。对冲基金所遭遇的大多数失败都是肥尾（小概率极端）事件造成的直接结果。因此，投资者在构造投资组合的时候必须考虑到这些事件。

要认识和控制符合肥尾分布的事件，一种有效的方式就是先对基础性资产价格的当前预期作出衡量与判断，然后再考虑各种可能出现的价值结果及其概率。通过这样一个过程，投资者就可以对可能出现的潜在胖尾事件做出权衡。

规范的金融学理论让我们对市场的认识和理解突飞猛进，但现实的市场却推翻了某些理论的基础前提。因此，投资者必须意识到理论与现实之间的差异，并依据现实对自己的思维（和组合）做出相应的调整。

第26章

# 圣彼得堡悖论与成长股投资

## *如何应对小概率的大规模事件*

投资组合理论背后的风险减损公式依赖于众多严格但却缺乏依据的前提。首先，这些公式均假设价格变动在统计上是相互独立的……第二个假设认为，价格变动的分布模式符合标准的钟形曲线（正态分布）。

财务数据是否完全符合这些假设呢？当然，永远也不可能。

——伯努瓦·B. 曼德布罗特 (Benoit B.Mandelbrot)
《华尔街上的分形游走》（*A Multifractal Walk down Wall Street*）作者

200 多年以来，尽管很多世界最知名的学者一直在研究圣彼得堡问题，但迄今为止，却依然没有得到任何公认的一致性答案，无疑，这一事实可以说明：即便是成长股也不可能提供满意的解决方案。

——戴维·杜兰德 (David Durand)
《成长股与圣彼得堡悖论》
（*Growth Stocks and the Petersburg Paradox*）作者

## 伯努利的挑战

那些资深投资者引以为豪的是，他们总能以适当的价值去评判金融性权益。这种能力恰恰是投资的核心：事实上，市场不过是针对未来权益进行现金交易的载体而已，反之亦然（未来权益也是市场进行现金交易的载体）。

那么，这里就有一个评定现金流价值的问题，即抛掷一个均匀的硬币，按照获得正面和反面的情况计算收益（亏损）。如果落地时正面向上，你可以得到 2 美元，游戏就此结束。如果背面向上，重新抛掷。如果第二次抛掷的结果是正面向上，你得到 4 美元，游戏结束；如果背面向上，再次抛掷。每增加一次抛掷，只要正面向上，你的回报翻一番（即 \$2、\$4、\$8、\$16……），然后进入下一轮，直到正面向上时结束。那么，你参加这个游戏愿意支付的费用是多少呢（也就是你最终可能得到的回报）？

1738 年，数学大师伯努利家族的成员之一，丹尼尔·伯努利（Daniel Bernoulli）第一次在俄罗斯皇家科学院上提出这个问题。这个被称为“圣彼得堡悖论”（St. Petersburg Paradox）的伯努利游戏对古典理论提出了挑战，该悖论认为，参与者参与游戏愿意支付的费用应该是他能得到的期望值。显然，这个游戏的期望值是无限的，每一轮的收益期

望值应是 1 美元（获得收益的概率为 $1/2^n$，则每一轮的收益为 $2^n$ 美元，或者说：1/2 × \$2，1/4 × \$4，1/8 × \$8，以此类推）。因此，总的收益期望值为：

期望值 = 1+ 1+1 + 1……= ∞

显而易见，哪怕只是花 20 美元，也不会有几个人愿意参与这样的游戏。伯努利试图用货币的边际效应理论解释这个悖论。他认为，我们愿意支付的数额是现有资源数量的函数：你的资源数量越多，愿意支付的费用也就越多。但是，伯努利的解释并不非常完美。在超过两个半世纪的时间里，圣彼得堡悖论一直让哲学家、数学家和经济学家们倍感困惑。

除了哲学上的内涵之外，其他研究也无一例外地为投资者揭示了两个极为具体的观点。第一个观点认为：股票市场收益率的分布并不符合传统金融理论的假设前提。这一有悖常理的观点对风险管理、市场有效性理论以及个股选股都有着非常重要的意义。

第二个观点与成长股估价有关。对于拥有超额小概率收益的企业，你愿意支付多少成本去购买它的股票呢？在价值迁徙瞬息万变、收益不断增长的市场形势下，这个问题似乎更具有紧迫性和现实性。

## 正态分布捉襟见肘

资产价格分布对基金经理来说有着重要的现实意义。传统金融理论假设，股票价格变动服从正态分布，也就是著名的钟形曲线。由于该假设在大多数条件下都具有足够的精确度，因此，投资者可以利用这一假设进行基本的概率统计。例如，对于一个符合正态分布的样本，我们可以确定总体平均值，并利用特征值表达偏离该平均值的可能性。

包括人为的股市在内的大多数自然状态并不符合正态分布概念。

很多自然系统都具有两个特征：小规模构成要素在数量上日渐增加，且外形相同的构成要素以不同的规模分布于系统之中。比如说，一棵树有一个大树干以及很多小树枝、更小的树枝……小树枝在外形上与相对较大的树枝基本相同。这些系统具有分形性（Fractal）①。和正态分布不同的是，任何平均值都无法恰当地表述一个分形系统的实际特征。图 26.1 从形式上对正态分布系统和分形系统的差异进行了对比，并说明了代表相关数据的概率函数。

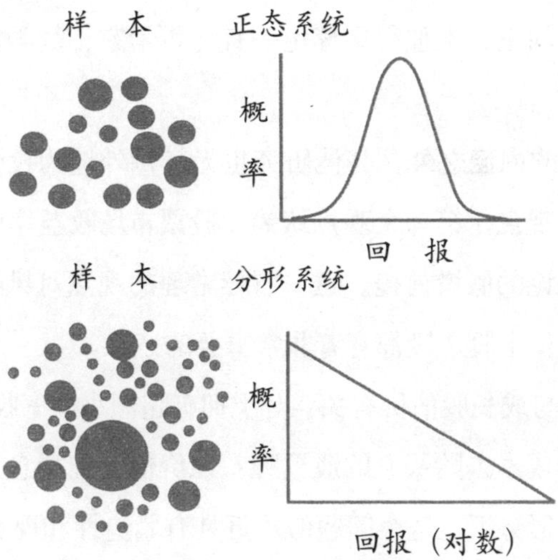


资料来源：拉里·利博维奇（Larry S. Liebovitch）和丹尼尔·谢尔（Daniela Scheurle），《分形与混沌的两个启示》（*Two Lessons from Fractals and Chaos*）

图 26.1　正态系统和分形系统的概率密度函数

使用正态分布表述金融市场之类分形系统的特征很可能是非常危险的。但理论家和实务者依然在乐此不疲地使用着这个工具。正态系统和分形系统之间的差别最终归结为概率和回报。分形系统具有不符

① 分形是一种具有自相似特性的现象、图象或者物理过程。也就是说，在分形中，每一组成部分都在特征上和整体相似，只仅仅是在规模上逐渐减小而已。

合正态分布的少量大幅观测值。最经典的事例就是 1987 年的股市大跌。市场收益率在一天内下跌幅度超过 20% 的概率微乎其微（假设收益率的分布符合正态分布），在实践中更是几乎为零。同时，股票市值也达到了令人窒息的 2 万亿美元。

对比正常情况下的抛硬币游戏和圣彼得堡游戏，同样也可以说明这一点。假设硬币落地时正面向上，你可以得到 2 美元，如果背面向上，你什么也得不到。游戏的期望值为 1 美元，这也是你为参加这个公平赌博而愿意支付的费用。笔者对 100 万轮掷硬币试验进行了模拟，每轮掷 100 次，并把回报额绘制在图 26.2 上。正如你所期望的一样，我们得到了一个近乎完美的正态分布。

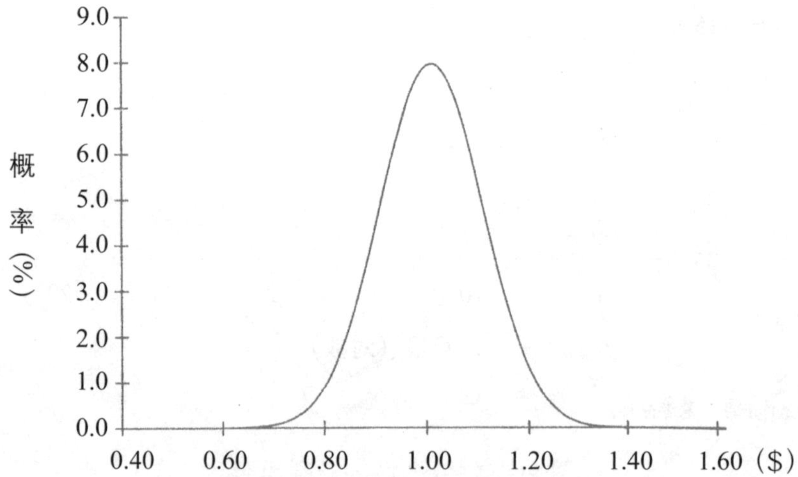


资料来源：瑞士信贷第一波士顿的分析结果。

图 26.2　规范的掷硬币游戏

之后，笔者对 100 万次圣彼得堡游戏的结果进行了模拟，并绘制了该游戏的分布图（见图 26.3）。在该分布图上，我们可以看到，尽

管基本过程是随机的，但结果的分布却符合幂率法则。例如，在一次游戏中，得到 2 美元的概率为 50%，得到 4 美元以下回报的概率为 75%。按照这个概率,30 轮试验可以实现的最大回报为 11 亿($2^{30}$)美元，但我们在 11 亿次试验中才有可能有一次实现如此回报的机会。因此，分形系统的特征体现为大量的小规模事件和极少的大规模事件。此外，在圣彼得堡游戏中，每次游戏的收益额也是不稳定的，因此，任何平均值都无法准确描述游戏的长期结果。

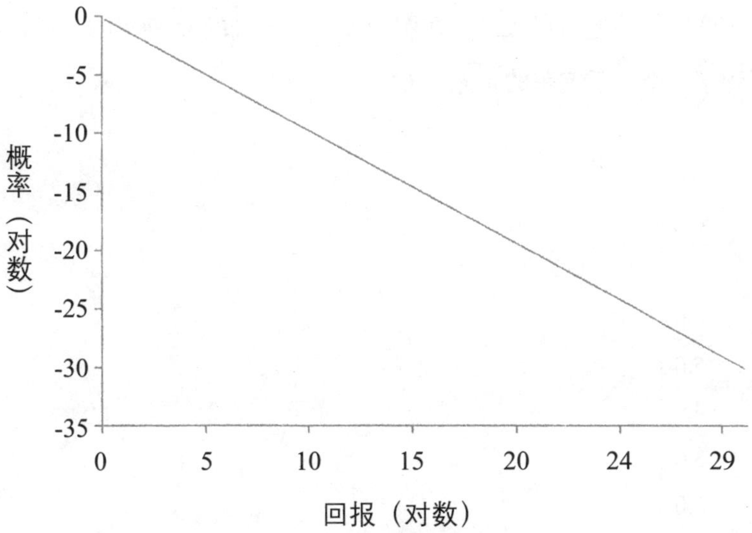


资料来源：笔者分析。

图 26.3　分形性的抛硬币游戏

那么，股票市场的收益是否也具有分形特征呢？伯努瓦·曼德布罗特指出，只要延长或缩短代表价格序列的水平坐标轴：相当于加快或减慢价格的变化速度，价格序列就会表现出显著的分形特征。罕见的大幅度价格变动分散在众多小幅度的价格变动之间，与此同时，价格变动曲线的形状也极为相似，只是在比例上有所不同而已（例如每

日收益、每周收益或每月收益)。曼德布罗特把这种财务收益对应的时间序列称为“多重分形”(Multifractal),他之所以在“分形”(Fractal)增加一个前缀“多重”(Multi),主要是为了反映按时间进行调整这一思想。

在影响深远、百读不厌的《股市何以崩溃》(*Why Stock Markets Crash*)一书中,地球地理学家迪迪尔·索尼特(Didier Sornette)指出,股票市场的价格分布包括两个不同的样本总体:主体(能用标准理论模型化的部分)和尾部(依赖于完全不同的分布机制)。索尼特对市场下跌趋势的分析极有说服力地推翻了股票收益相互独立的假设,这也是传统金融理论的基石。他的研究为我们认识古典金融理论的缺陷提供了一个全新而深刻的视角。

## 如何抓住小概率的暴富点?

圣彼得堡悖论还为我们认识成长股估价提供了一种工具。对于这样一种小概率事件——企业永久性地实现现金流高速增长,你愿意支付的费用上限是多少呢?

在1957年发表的经典论文《成长股与圣彼得堡悖论》中,戴维·杜兰德探讨了这个问题。他主张对这个问题应采取极为谨慎的态度,并特别强调了均值回归的思想和建模方式。但是,如果说有什么不同的话,那就是如何在当前的市场条件下对小概率的巨额价值做出评判,所面对的挑战根本就不是50年前的杜兰德所能想象的。

例如,我们不妨探究一下1980 ~ 2004年完成首次公开上市(IPO)的近2 000家技术类企业:在它们所创造的2万多亿美元的财富中,5%的企业拥有其中的绝大部分财产。即使是在这些真正实现财富创造的少数企业中,也只有为数不多的几家公司能创造出可观的回报。在很

多以“胜者为王、败者为寇”为特征的成长股市场中，对于未来的财富创造里程，我们几乎没有什么理由认为还有比这更规范的正态分布。

此外，相关数据还表明，在当今的美国企业中，投资回报率的分布范围比以往更宽。因此，对于这些真正的财务创造者，他们所能期待的收益上限数额是以往任何时候都无法比拟的。和圣彼得堡游戏一样，虽然未来交易的绝大部分收益较为稳定适中，但的确有某些收益是非常巨大的。那么，期望值到底是多少呢？你为此愿意付出的代价应该是多少呢？

尽管圣彼得堡悖论已经有几个世纪的历史，但它所带给我们的启示却一如既往。在投资中，最大的挑战在于如何把握小概率的大规模事件。遗憾的是，标准的规范型金融理论在这个问题上一筹莫展。

第27章

# 看门人的发财梦

## *为何信从他人观点会损害你的财富*

在过去的一个多世纪里，现有科学一直在强调如何对系统进行分解，寻找其基本组成单元，然后再尽可能地对这些基本单元加以分析……但是，对于这些单元如何相互作用、相互整合，进而体现出我们所看到的整体特征，我们却近乎一无所知。

——史蒂芬·沃尔夫勒姆 (Stephen Wolfram)

《新型科学》(*A New Kind of Science*) 作者

## 牛顿也是经济学家

意识从何而来？几个世纪以来，这个问题一直让哲学家和科学家们百思而不得其解，很多疾病已经迎刃而解，月球也被我们踩在脚下，物质世界在我们面前表露无遗。但时至今日，即使是最杰出的思想家也无法对意识做出准确的定义，更不用说解释这个问题了。为什么人类能在某些领域取得巨大的成功，但在另一些领域却无所适从呢？为什么意识这样一个貌似平凡的问题却变成了难解之谜呢？

并非所有系统都是相同的，我们也不可能在相同的层次上去认识所有系统。不妨从我们已经熟知的系统出发，去探讨这个问题。在逝去的几个世纪里，很多科学上的重大突破都植根于伊萨克·牛顿的几个定律。

牛顿的世界是一个物质世界，在这里，原因与结果清晰对应，所有事物都遵循着不可更替的普遍性规律。如果能充分认识一个系统的基本组成单元，我们就能精确地预测出这个系统的行为方式。

简化论（Reductionism）[①]是牛顿学说中所有重大发现的基石，而牛顿学说又是 17 到 19 世纪众多科学重大突破的基础。约翰·霍兰德

① 简化论用相对简单的原理解释复杂现象或结构的企图或趋势。

(John Holland)[①]对此认为："问题的关键在于，通过对系统进行分解，通过越来越基础的组成单元，我们就可以了解和认识自己的世界，认识整个自然界"。在很多系统中，简化论都发挥了巨大的作用。

但简化论也有自己的限制。在一个依赖于诸多成分相互作用的复杂系统中，系统整体的属性与特征往往不同于这些基础成分的加总。由于系统整体源于基本组织成分的相互作用，因此，我们不可能仅仅依赖局部去认识系统，在这种情况下，简化论也就无能为力了。

长期从事意识问题的神经科学家威廉·凯尔文（William Calvin）指出，我们可以通过多种渠道去看待问题，但理解意识的关键既不是神经化学的"基础"，也不是量子力学的"根基"。在人类的大脑中，存在着诸多层次的相互作用。因此，部分根本不足以说明整体。凯尔文把从量子力学"根基"直接到意识世界的飞跃称为"看门人的梦想"。

为什么投资者还要关注"看门人的梦想"呢？如果说股票市场源于诸多不同投资者的相互作用，那样，以认识个体为主导的简化论自然无法完整把握市场的运行方式。那些过分关注个体层次的投资者和企业高管，往往只是在错误的层次上去认识这个市场。而不恰当的认识市场，又很有可能会招致错误的判断，由此而形成的决策也许让价值化为乌有。

## 系统，简单与复杂

当一个系统的复杂性程度非常低的时候，我们就可以对其进行线性的定义，在这种情况下，简化论就可以大显身手。一个技艺精湛的工匠能熟练地拆开你的手表，研究其中的每一个部件，由此对整个系

① 约翰·霍兰德被称为"遗传算法"之父，美国密歇根大学心理系和计算机与电子工程系的教授。

统工作方式获得一个全面的认识。同时，这种简单的系统也为集中化决策提供了一个良好的平台。回顾工业发展的里程，很多企业为我们认识工程系统提供了生动形象的示例：产品在生产线上顺序流动，所有工人按部就班，每个工人都能在产成品中找到属于自己的那份贡献。通过科学的改进和完善，管理者不断改进着系统的性能。

另一方面，当系统具有足够的复杂性时，集中式控制往往会显得无能为力。科学家把这样的系统称为复杂适应系统（Complex Adaptive System），并把这种系统的结构单元称为介质（Agent）。复杂适应系统具有一系列特有的基本属性和运行机制：

> **集成性**（Aggregation）。复杂性源于集成性，而集成性则体现为众多简单介质之间相互作用而形成的大规模行为方式。
>
> **适应性决策规则**（Adaptive Decision Rules）。在一个复杂适应系统中，介质从外界环境中获取信息，并通过与环境的相互作用对这些信息进行综合，最终形成决策规则。反过来，所有决策规则之间按其适应力相互斗争，最有效的规则成为最终的幸存者。
>
> **非线性**（Nonlinearity）。在一个线性的模型中，整体等于部分之和。而非线性系统却比我们预期的要复杂得多，也就是说，整体行为的复杂性要超过部分的加总。
>
> **反馈环**（Feedback Loops）。在反馈系统中，一个循环的输出将成为另一个循环的输入。反馈环具有效应放大或缩小的作用。

复杂适应系统的例子包括政府、很多企业以及资本市场等等。试图以自上而下的方式来控制这些系统，最终只能招致失败，苏联解体

就是一个最好的例证。在图 27.1 中，我们对这两种系统进行了对比。

把市场看做一个复杂的适应性系统，这和以牛顿学说为主导的古典经济学及金融学理论势不两立。在经济学家的眼里，构成系统的介质是同质的，于是，他们把这些介质构建成线性模型——需求与供给，风险和收益，价格与数量，无不一一对应。当然，这样的假设和我们的现实世界几乎格格不入。

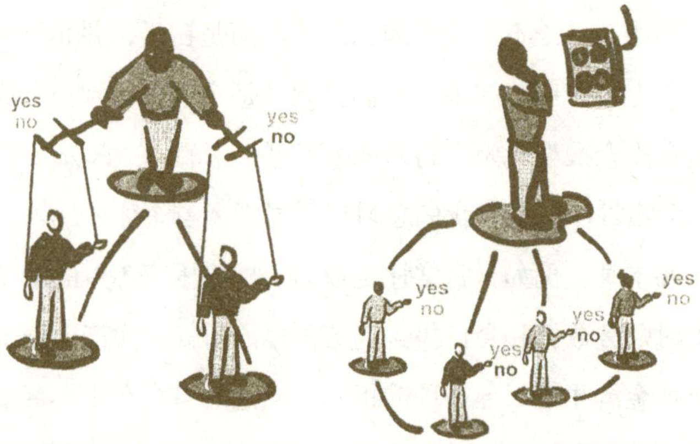


低复杂性的环境适用于集中式决策

高复杂性环境则要求采用局部性决策

资料来源：Sente 公司。

图 27.1 复杂性与决策过程

## 股市复杂适应系统的两大陷阱

股票市场具有一个复杂适应系统所要求的所有特征。具有不同投资风格和投资期限（适应性决策规则）的投资者之间相互交易（集成性），在这个市场上，我们还可以看到肥尾型的价格分布（非线性）以及模仿效应(反馈环)。采用以介质为基础的方法去认识市场的观点，正在为越来越多的人所接受。但是，这个日趋完善的描述性框架却不

能像现有经济模型那样，为我们提供精确完整的解决方案。

一个把股票市场视为复杂适应系统的投资者需要避免两个陷阱。第一个陷阱是一如既往地为所有结果去寻找原因。复杂适应系统的特征之一在于它的临界点——小规模量变演化为大规模质变的转换点。因此，要在原因和结果之间建立其关联往往并非易事。例如，在 1987 年的股市大跌之后，政府发起了一项旨在揭示股市崩盘“根源”的研究。经过长期深入的研究，布兰迪（Brady）却未能提出任何具体原因。在这里，问题并不是不存在原因和结果，而是在于，并非每一个结果都能找到与之相对应的起因。人们喜欢为每个结果找到一个原因，因此，让这个概念很难成为我们思维中不可分割的一个部分。

第二个陷阱体现为：我们总习惯于思考所有个体的输入，而不是去认识市场本身。例如，常常让企业高管感到困惑不解的是：当大多数投资者对财务数据和会计报告笃信不已的时候，实证证据却告诉我们，只有现金流才是引导市场的指标。问题的答案在于，每个人的行为都取决于自己的决策规则，而市场整体则代表着这些规则的集成。此外，通过对具有足够复杂性的系统进行研究，我们也可以揭示出，不同个体组成的集体，在解决问题方面的能力往往超过其中的每一个个体——在集体面前，即使是那些所谓的“专家”，也只能相形见绌。

## 减少决策偏差的两大利器

承受时间压力的决策者在进行决策时，往往会不由自主地依赖于经验或者说启发。尽管启发不可能帮助我们解决任何问题，也不可能做到无所不能，但它至少可以为我们节约时间，因而，启发在大多数情况下是有益于决策者的。然而，启发也有可能导致投资者做出偏缺的决策。成功决策的一个特征就是不断认识这些偏缺，以便于采取有

效措施缓解甚至消除它们的副作用。

可得性启发法 (Availability Heuristic)[①]导致投资者按照记忆中的“可得性”类似事件，去评价某些具体事件的发生频率或可能原因。可得性启发法是导致人们落入安于往事这个陷阱的根源。换句话说，投资者或管理者可能把更多的关注力放在现有的“可得性”信息上，而淡化了其他相关信息的价值。

我认为，这种偏缺正是“看门人梦想”的核心所在。投资者和管理者往往习惯于用大量的时间去思考现有信息——比如当前收益和市盈率，而忽视了某些更有意义的信息，即市场对未来业绩的预期。当企业管理者紧紧盯着收益分析报告的时候，自然会不恰当地假设：市场不过是这些介质的简单加总。

那些试图理解市场的投资者和企业高管一定要认识到：市场本身是一个复杂的适应性系统。市场的行为反映了众多介质的相互作用，而每个介质都有自己不同的知识、资源和动机。因此，用有色眼镜去看待个体观念可能会让你的财富岌岌可危。

① 可得性启发法指人们在做决策时，会受到常见惯例或其他人经常提到的行为模式所影响。

第28章

# 驱散拉普拉斯的恶魔

## *股市真的有因果吗*

我们的祖先肯定会因为无法控制或理解今天很多人都能做到的[找不到理由的]事情而感到不安。于是，他们开始杜撰各种伪知识为自己的无能而辩解。在我看来，人们判断的主要目的并不是为了做到精益求精，而是为了回避让自己无能为力的不确定性。

用生活中的经历阐述生活的意义是人类的一种基本需求。我们憎恨不确定性并且认为不确定性是不可容忍的。

——刘易斯·沃尔泊特（Lewis Wolpert）

我们已经习惯于用集中式控制、清晰的指令链、直截了当的因果关系去思考。但是在这样一个所有参与者相互影响、相互作用的超级大系统之中，我们的传统思维方式就会变得支离破碎。简单的描绘和空洞的语言显然太过于苍白无力、目光短浅了。

——史蒂文·斯特罗加茨（Steven Strogatz）
《同步学》（*Sync*）作者

## 市场中的故事与价格暴涨

大多数人都知道，人的大脑包括左半球和右半球。右半球擅长于完成与视觉和空间有关的任务，而左半球则负责语言、思考和解决问题。右脑占主导地位的人以创造力见长，而左脑占主导地位的人则是分析家的候选人。

左脑的任务不仅仅是计算；它始终在观察我们眼前的现实世界，寻找一切客观事件之间的关系。被迈克尔·加扎尼加（Michael Gazzaniga，大脑两半球功能一侧化理论的创始人之一，美国达特茅斯学院感知神经学研究中心主任）称为“解释器”的左脑，帮助我们把凌乱的现实编织成一个跌宕起伏的生活故事。

作为神经组织传输桥梁的胼胝体把左脑和右脑连通起来。为了更好地了解大脑左右半球的特有功能，加扎尼加及其同事约瑟夫·勒杜（Joseph LeDoux，美国纽约大学神经科学家）对左右半球桥受损的患者进行了研究。对于这些患者，科研人员发现，某一半脑单独接受的信息，不可能为另一侧所获知。

为了检验大脑左右半球之间的相互作用，加扎尼加和勒杜设计了一个巧妙的试验。首先，通过视觉提示，他们秘密地引导右脑完成某一动作。左脑能意识到该动作的存在，但却无法意识到该动作的原因。

之后，科研人员让这些左右脑丧失联系的患者解释该动作的原因。令人吃惊的是，左脑居然能杜撰出该行为的原因。例如，如果科研人员让右脑发笑，患者的左脑将会显示研究人员是个滑稽幽默的人。按照勒杜的话说："患者是在依据条件做出解释，仿佛他们能通过自我反省，对实际未发生的行为具有内在的洞察力（Introspective Insight）[①]。"显然，是解释器在发挥作用。

生物学家刘易斯·沃尔泊特认为，因果概念是人类进化的基本驱动力。从进化的角度看，认识和了解一种原因的潜在结果和产生结果的原因，这本身就是一种不可或缺的优势。沃尔泊特指出，原因、语言和社会交互作用这三个概念之间的结合，促进了人脑在尺寸和复杂性上的发展。

因此，寻找因果之间的关联是人类的本能。为某种结果杜撰原因不过是这种本能的体现而已。很多曾经因为没有明确原因而让我们感到困惑不解的现实——疾病、闪电以及火山爆发等等，在今天已经迎刃而解，毫不奇怪，我们的祖先只能求助于超自然力量去解释这些现象了。

今天，我们已经能认识和理解很多系统，但是那些相互联系的大规模体系依然会让我们感到烦恼——也就是我们经常谈到的复杂适应系统。分析同质性的基本个体并不能帮助我们认识一个复杂适应系统的总体属性和特征。这些系统本身并不具有线性，或者说，并非是通过个体加总而形成的；整体并不等于个体之和。在这种情况下，原因和结果之间的关系根本不是简单的理论可以解释的。股票市场就是一个典型的复杂适应系统。

在投资中，我们对因果关系的期待却与现实中的关系存在着尖锐

① 内在的洞察力即反省式洞察，通过以往的经验和逻辑推理，认识事物的规律。

冲突。那么，我们是怎样处理这个问题的呢？很自然，我们会巧妙地杜撰一个故事去解释其中的原因和结果。

投资者为什么要关注市场上的原因和结果呢？认识到我们之所以需要做出这样的解释，可以避免我们犯更多的错误。如果投资者一味地要了解市场动态背后的原因，就很有可能会把注意力集中到错误的因果关系上，或是不合时宜地锁定在错误的解释上。事实上，市场的很多重大走向根本就是无法用因果关系轻易做出解释的。

## 拉普拉斯的恶魔

200 年以前，决定论一直是科学界的主宰。受牛顿学说的启发，科学家们大多接受顺时针宇宙的概念。法国皮埃尔·西蒙·德·拉普拉斯 (Pierre Simon de Laplace) 在著名的“概率的哲学观”（*A Philosophical Essay on Probabilities*）一文中，对这种思想进行了概述：

> 如果有一个智者，他能在任何时候通晓一切可以主宰自然界的力量，熟知这个自然界构成部分之间的相互位置，如果他能把现实融入自己的思维，洞悉现实背后的规律，那么，他就能把一切现实浓缩成唯一的公式，有了这个公式，他就能描述宇宙中万事万物的运动，从无比宏大的物体，到趋近无限的原子，概莫能外。
>
> 对于这样一个智者，宇宙中不存在任何不确定的事物；未来将和过去一样，清晰无误地展现在他面前。

今天，哲学家和科学家把这个智者称之为“拉普拉斯的恶魔”。我们可以通过精细的计算去回顾过去、面对今天并预知未来，这一直

是个颇具诱惑力的思想，毫无疑问，它将继续诱惑着我们，因为它恰好和我们的因果论偏差不谋而合。

但复杂的适应性系统却不支持如此简单的计算。我们可以认为，很多复杂系统都处于自组织临界状态。“自组织”就意味着没有主导者，这样的系统源于诸多基本个体的相互作用。“临界性”体现为非线性。更具体地说，系统中的波动幅度（原因）并不总是和波动带来的效应（结果）成比例。小规模波动很可能会招致大幅度的结果，反之亦然。

沙堆效应形象地说明了这一点。假设我们把沙子撒在一个平面上。开始时并没有什么太大的变化，沙砾遵从基本的物理规律。但是，一旦沙堆达到一定的高度和坡度，它就会进入自组织的临界状态。再继续向沙堆上撒沙就有可能导致或大或小的崩塌。但崩塌的规模却并不一定与撒沙的数量成比例。

只需要把沙子替换成信息，我们就可以用这个比喻来说明投资问题。某些情况下，一个信息可能会对市场毫无干扰，而在一种情况下，同样的信息却有可能造成市场的聚变。信息追随模型（Model of Information Cascades）可以为我们认识其中的原因提供一些启示。

## 深陷“魔咒”之中

人们总希望用完美的因果分析法去认识市场动向，而这种愿望又往往会导致某些愚蠢的后见之明。研究人员选用 S&P500 指数在 1941 ~ 1987 年最大的 50 个日价格变动为样本，并以此为依据对媒体报道的原因进行了检验（见表 28.1）。他们得到的结论是：近一半的股价变动可以归因于媒体报道以外的基本因素。他们写道：

> 然而，在收益出现大幅度变化的时候，被媒体称为市场

变动的原因并不具有显著性。而媒体在随后几天的报道中，也未能做出任何有说服力的分析，来说明未来盈亏率可能出现的变化。

针对2001年年底到2005年期间幅度最大的市场价格变动，笔者也进行了类似的研究，并得到了相同的结论（见表28.2）。这些媒体似乎更像是左右脑分家的患者，他们不过是在为结果杜撰理由而已，而我们这些投资者也只能自欺欺人地为他们擂鼓助威，因为这些杜撰出来的联系能满足我们最基本的需求。

表28.1　S&P500指数的30个最大变动量（1941～1987年）

| 日　期 | 变动率（%） | 解　释 |
|---|---|---|
| 1987年10月19日 | -20.47 | 对美元贬值和贸易赤字的担心；担心美国政府不会出面支持美元价值 |
| 1987年10月21日 | 9.10 | 利率持续下跌；华盛顿开始讨论赤字问题；货比三家 |
| 1987年10月26日 | -8.28 | 担心预算赤字；增收保证金；对国外股票下跌做出的反应 |
| 1946年9月3日 | -6.73 | “无价格变动的基本性原因” |
| 1962年5月28日 | -6.68 | 肯尼迪强迫压低钢材价格 |
| 1955年9月26日 | -6.62 | 艾森豪威尔心脏病发作 |
| 1950年6月26日 | -5.38 | 朝鲜战争爆发 |
| 1987年10月20日 | 5.33 | 投资者寻找“高质量股票” |
| 1946年9月9日 | -5.24 | 海员和卡车行业的工会暴动 |
| 1987年10月16日 | -5.16 | 担心贸易赤字；担心利率提高；与伊朗关系趋于紧张 |
| 1970年5月27日 | 5.02 | 传言经济政策将发生变动。“股票价格巨涨无基础性原因可以解释” |
| 1986年9月11日 | -4.81 | 外国政府拒绝降低利率；正式宣布取消股指期货、股指期权和个股期权同时到期结算的规定 |

（续表）

| 日　期 | 变动率（%） | 解　释 |
|---|---|---|
| 1982 年 8 月 17 日 | 4.76 | 利率下降 |
| 1962 年 5 月 29 日 | 4.65 | 乐观的经纪商报告；机构投资者和企业的买入；提出减税建议 |
| 1948 年 11 月 3 日 | -4.61 | 杜鲁门在总统大选中击败杜威 |
| 1974 年 10 月 9 日 | 4.60 | 福特政府降低通货膨胀率和利率 |
| 1946 年 2 月 25 日 | -4.57 | 过去一周的持续性弱经济指标 |
| 1957 年 10 月 23 日 | 4.49 | 艾森豪威尔鼓励人民对经济抱有信心 |
| 1987 年 10 月 29 日 | 4.46 | 开展降低赤字讨论；耐用型商品订单激增；国外经济反弹 |
| 1948 年 11 月 5 日 | -4.40 | 对杜鲁门在总统大选中击败杜威的进一步反应 |
| 1946 年 11 月 6 日 | -4.31 | 盈利；共和党在大选中获胜，预示着通货膨胀率将下降 |
| 1974 年 10 月 7 日 | 4.19 | 希望福特总统宣布强有力的反通货膨胀政策 |
| 1987 年 11 月 30 日 | -4.18 | 担心美元贬值 |
| 1974 年 7 月 12 日 | 4.08 | 新增贷款需求降低；前一个月的低通货膨胀率 |
| 1946 年 10 月 15 日 | 4.01 | 均价失控；预期其他失控现象的出现 |
| 1982 年 10 月 25 日 | -4.00 | 对联邦储备委员会未能降低贴现率表示失望 |
| 1963 年 11 月 26 日 | 3.98 | 肯尼迪遇刺之后，市场对接任者约翰逊抱有信心 |
| 1978 年 11 月 1 日 | 3.97 | 卡特采取措施强化美元价值 |
| 1974 年 10 月 29 日 | 3.91 | 短期利率下降；未来货币政策的放松；石油价格下降 |

资料来源：戴维·H. 卡特尔（David H. Cutler）、詹姆斯·M. 波特巴（James M. Poterba）和劳伦斯·H. 萨莫斯（Lawrence H. Summers），《股票价格的动因何在？》（*What Moves Stock Prices?*）

表 28.2　S&P500 指数的 30 个最大变动量
（2001 年 9 月～ 2005 年 12 月）

| 日　期 | 变动率（%） | 解　释 |
| --- | --- | --- |
| 2002 年 7 月 24 日 | 5.73 | 投资界认为至少应出现短期反弹；议会通过企业改革法 |
| 2002 年 7 月 29 日 | 5.41 | 投资者认为股价下跌过度 |
| 2001 年 9 月 17 日 | -4.92 | “9·11”后的第一个交易日 |
| 2002 年 10 月 15 日 | 4.73 | 企业利润超过市场预期，导致股票价格连续 4 天上涨 |
| 2002 年 9 月 3 日 | -4.15 | 欧洲和日本的股票市场出现下跌；削弱了美国和欧洲的制造业股价；考虑到日本银行存在的其他问题 |
| 2002 年 8 月 14 日 | 4.00 | 资金从债券市场转移到股票市场；超过免税证明的截止期限；短期获利 |
| 2002 年 10 月 1 日 | 4.00 | 有利的传闻；伊拉克同意释放联合国核查人员；经济走强的新闻 |
| 2002 年 10 月 11 日 | 3.91 | 芝加哥期权交易所再次出现强势上涨；短期获利 |
| 2001 年 9 月 24 日 | 3.90 | 国外市场（除日本）均做出盈利报告；保险业和能源业的走势乐观 |
| 2002 年 7 月 19 日 | -3.83 | 市场一直对会计利润持怀疑态度 |
| 2002 年 5 月 8 日 | 3.75 | 来自思科系统的信号表明其业务将出现复苏，从而引发股市反弹 |
| 2002 年 7 月 5 日 | 3.67 | 短期获利 |
| 2002 年 3 月 17 日 | 3.54 | 坊间传闻白宫将放弃原来的温和式外交政策，表明美国政府已经在准备向伊拉克开战 |
| 2003 年 3 月 24 日 | -3.52 | 担心伊拉克战争可能会旷日持久，困难可能会超过投资者的预期 |
| 2002 年 10 月 10 日 | 3.50. | 短期获利；芝加哥期权交易所价格变动指数上涨超过 50 点——反映出投资者的顾虑已经被夸大 |

（续表）

| 日　期 | 变动率（%） | 解　释 |
|---|---|---|
| 2003 年 3 月 13 日 | 3.45 | 在下周针对以武力销毁伊拉克大规模杀伤性武器进行投票之前，美国政府暂时同意推迟对伊拉克动武 |
| 2002 年 8 月 5 日 | -3.43 | 已公布的美国就业率指标低于预期 |
| 2002 年 7 月 10 日 | -3.40 | 对市场以及企业诚信度的信心不断降低 |
| 2003 年 1 月 2 日 | 3.32 | 预期企业支出增加；布什政府刺激经济增长的一揽子计划将于下周出台 |
| 2002 年 7 月 22 日 | -3.29 | 布什重申支持美国财长保罗·奥尼尔，并对华尔街肆意抨击 |
| 2002 年 8 月 8 日 | 3.27 | 联邦储备委员会提出货币政策会议的日程；国际货币基金组织对巴西提供 300 亿美元援助；花旗银行宣布一系列企业治理措施 |
| 2002 年 9 月 27 日 | -3.23 | 消费者缺乏信心；企业亏损的传闻 |
| 2001 年 9 月 20 日 | -3.11 | 政治和经济的不确定性 |
| 2002 年 9 月 19 日 | -3.01 | 企业丑闻的披露；房地产建筑行业连续三个月下跌 |
| 2002 年 8 月 6 日 | 2.99 | 预期利率将下调 |
| 2002 年 8 月 1 日 | -2.96 | 有报道称制造业增长将出现下降；失业状况进一步恶化；政府下调经济增长率指标 |
| 2003 年 1 月 24 日 | -2.92 | 来自朝鲜的核危险；中东局势不稳定；反恐战争；与欧洲联盟的关系紧张 |
| 2002 年 6 月 17 日 | 2.87 | 技术类企业因市场卖空而出现寻找便宜货的趋势 |
| 2002 年 1 月 29 日 | -2.86 | 大公司的会计问题浮出水面 |
| 2002 年 11 月 27 日 | 2.80 | 耐用消费品支出和订单上升，同时，对失业率的呼声达到 21 个月来的新低。 |

资料来源：《华尔街日报》《纽约时报》以及笔者的分析。

## 市场上有果，不一定有因

正如本文所谈到的一样，投资者在解释市场行为时应采取谨慎的态度。试图为市场动向找出原因的投资者必然会面对以下两种缺陷。

第一个缺陷是混淆相关性与因果关系。某些事件可能与市场动向相关，但却未必存在因果关系。在一个极端的例子中，加州理工学院经济学教授大卫·莱因韦伯(David Leinweber)发现，S&P500指数业绩的最佳预测指标竟然是孟加拉国的黄油产量。当然，再周全的投资者也不会想到用黄油产量去预测或是揭示市场行为，但是，与国内经济相关的指标却有可能表现出错误的因果关系。

第二个缺陷体现于信息定位（Anchoring）[①]。大量证据表明，人们习惯于用最早形成的证据去解释或描述某一事件（模仿效应）。在一项研究中，研究人员让参与者估计非洲国家在联合国中的比例。但是在提出估计结果之前，参与者需要观看研究主管转动一个标有1到100的占卜盘。当转盘停在10的位置的时候，一组参与者的猜测数值为25%。当转盘停在65的位置时，另一组的猜测值竟然是45%。在这个例子中，人们的估计似乎过于随意，尽管结果正确与否无关痛痒，但类似的定位偏差却有可能对投资者的决策产生重大影响。

显然，要满足追求因果关系的欲望，股票市场肯定不是最佳的场所。投资者在解释市场动向时应采取谨慎的态度，有所保留。你可以用愉悦于心的态度去看待晨报上关于昨日市场的分析，但绝对不要指望能从中学到什么。

① 在行为经济学中，信息定位指人们在进行价值评估的时候，不是根据对象的绝对定位水平，而是根据对象与某一参照点之间的相对定位关系，来确定其价值。它相当于在一个原点相对漂移而不固定的坐标系里进行目标的价值定位，也被称为锚定。

第29章

# 如何获得更强大的力量

## *幂律分布对投资者的启示*

在过去几年里，自组织性系统的观点在跨学科研究方面的影响力越来越大，它把人工智能、化学甚至是生物进化等诸多领域的研究人员联系在一起。在这个系统里，随机性与混沌性同时作用，共同演化为一个非预期秩序的复杂系统。但是，无论出于何种原因，这一动向都在很大程度上忽视了经济学理论。因此，我们有必要去探索一下，能否进一步把这个新的观念运用于更复杂、同时又具有明显自组织性的经济体系中。

——保罗·克鲁格曼 (Paul Krugman)

《自组织型经济》（*The self-organizing economy*）作者

## 齐普夫的发现

这里有一种你可以用来打发时间的游戏。随便找一篇文章，比如说詹姆斯·乔伊斯的《尤利西斯》，按文章中所有字的使用次数（从最经常使用的字到最不常用的字）和频率（每个字出现在文章中的频率）标在坐标系中。如果用对数比例尺表示这种字频的分布规律，我们就会得到一条从左上角延伸到右下脚的直线。

20 世纪 30 年代中，哈佛大学的语言学家乔治·K. 齐普夫（George K.Zipf）在很多系统中都注意到这种关系的存在，并在他的传世之作《人类行为和最小付出原则》（*Human Behavior and the Principle of Least Effort*）一书中，对这些系统进行了总结，并被科学家们称之为“齐普夫定律”。实际上，它只是“指数定理”的众多示例中的一个。以语言中的文字为例，幂律意味着，我们会在一篇文章中看到大量经常出现的字和少数很少出现的字。

但齐普夫却错误地指出，他的定律对社会科学和自然科学进行了区分。自从齐普夫发表其研究结果之后，科学家们陆续发现，众多领域都存在着幂律规律，其中包括物理系统和生物系统。例如，科学家采用幂律解释动物体重与新陈代谢率、地震的频率和振幅（Gutenberg-Richter 定律）以及雪崩频率与程度之间的关系。在社会系统中，幂律

分布也发挥着举足轻重的作用，比如说收入分配（帕累托定律）、城市规模、互联网流量、公司规模以及股票价格的变动。很多人通过耳熟能详的 80/20 规则，认识到了幂律规律的存在。

为什么说投资者也有必要了解幂律呢？首先，幂律分布的存在可以帮助我们重新认识风险。包括风险模型在内的大多数金融理论均以股价变动的正态分布为基础。按照幂律分布，不经常出现的周期性股价波动幅度远远大于传统金融理论的预测。这种肥尾现象对于确定投资组合结构和杠杆率是非常重要的。

其次，幂律分布的存在揭示了自组织系统的某些基本规则。虽然科学界人士尚不能全面解释造成社会系统中幂律现象的机理，但是，足够的证据可以说明，我们确实可以通过幂律分布对某些系统的未来状况作出结构性的预测。

最后，标准的规范化经济理论并不能很好地解释这些幂律。例如，新古典经济学强调均衡结果（Equilibrium Outcome），并假设所有个人均为理性人，具有完全的信息，且所有个体之间的相互作用均为间接的（以市场为媒介）。但是在现实的世界中，人是具有适应性的，也不可能掌握所有的相关信息，而且个体之间的交往也是直接的。因此，以最适合于真实行为模式的方法去解读实证结果，才是最理想的做法。

## 幂律分布的力量

齐普夫用如下公式描述了他所倡导的定律：

次序 × 规模 = 常数

该公式表明，被研究对象的量度与次序成反比。按照齐普夫的这个故事，我们可以用 1、1/2、1/3、1/4……等一系列数字乘以常数，得到一个序列。不妨以西班牙的城市人口规模为例。如果最大城市马

德里有 300 万居民的话，那么，第二大城市巴塞罗那的人口就应该是马德里人口的一半，第三大城市瓦伦西亚的人口为马德里人口的 1/3，以此类推。但这显然是不符合现实的。尽管齐普夫能很好地描述某些系统，但其适用范围却是非常有限的，很多具有幂律特征的系统并不适用于这个公式。

著名学者伯努瓦·曼德布罗特指出，只要对齐普夫定律进行两个修正，就可以得到更具有普遍性的幂律分布。（第一个修正是为排序增加一个常数，于是，我们得到的序列数将变为：1/（1+ 常数）、1/（2+ 常数）、1/3+ 常数）等。

第二个修正是为分母的幂数增加一个常数。于是，我们可以得到 1/（1+ 常数）$^{1+常数}$、1/（2+ 常数）$^{1+常数}$、1/3+ 常数）$^{1+常数}$等。经过修正的幂数既可以是整数，也可以是中间值［例如 1/（1+ 常数）$^{3/4}$］。齐普夫定律则是两个常数同时修正为零的特例。

尽管公式中引入了两个参数，但是要把齐普夫定律推广到更多的幂律分布却并不困难。用这样一个基本的公式去描述如此多样性的现象肯定会招致我们的疑问，尤其是在无法对幂律分布的形成方式作出统一解释的前提下，更是如此。

在社会系统中，幂律分布最有趣的特征之一就是有效性。例如，图 29.1 显示了 1790 ～ 1990 年，美国城市人口的排序和规模之间的关系。尽管人口增长率和城市边界一直处于不断变化的状态中，但排序和规模之间的关系却在 2 000 年内始终显示出良好的一致性。

另一个直接适用于投资者的例子是企业规模。在图 29.2 中，我们根据齐普夫定律说明了 1997 年美国企业销售额和频率之间的关系。经济学家罗伯·阿克斯泰尔（Rob Axtell）根据美国普查局 2001 年年初之后的数据绘制了这张图表，研究样本为 550 万家美国公司和 1 亿多名劳动力。

阿克斯泰尔指出，公司规模的分布对政治与法规环境、并购活动的起伏、新公司成立和老公司破产的变动趋势乃至劳动力的大规模转换（例如劳动力中女性人口的增加）等因素并不敏感。这就意味着，是某种重要的机制创造了我们所看到的秩序。

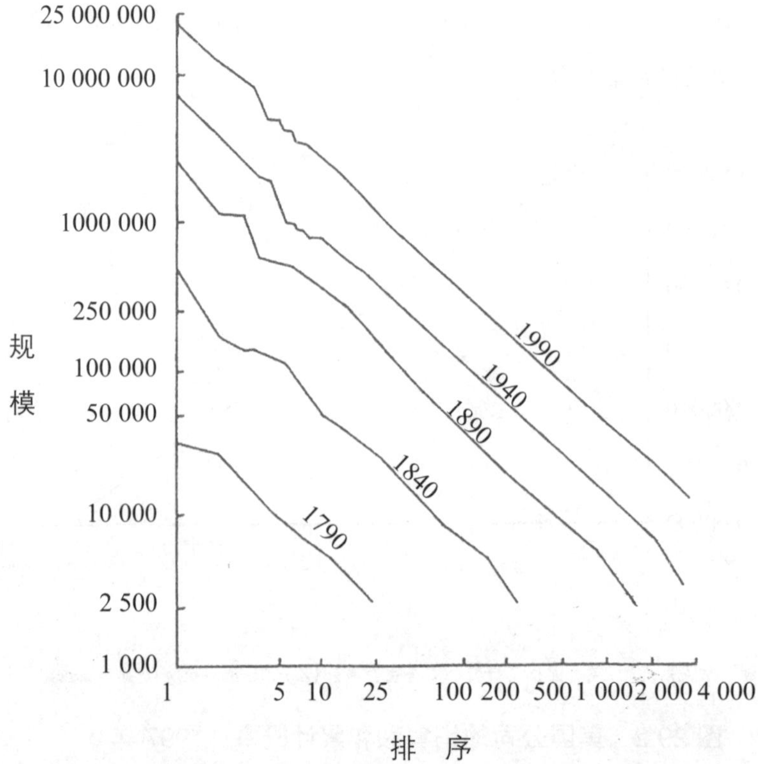


资料来源：戴维·巴顿（David Batten），《解密人造经济学》（*Discovering artificial economics*）。经过 Perseus 图书有限责任公司成员 Westview 出版社同意改编。

图 29.1 美国城市人口的排序和规模（1790 ~ 1990 年）

尽管没有人能完全理解产生幂数的机理，但很多模型或过程都可以产生幂数。其中最典型的事例就是理论物理学家伯·巴克 (Per Bak) 提出的“自组织临界性”。巴克通过沙堆效应向我们描述了他的理论：

一个孩子在沙滩上用散沙堆出一个沙堆。开始的时候，沙堆较为平稳，沙子基本保持在落地的位置，随着沙堆逐渐增高，坡角逐渐加大，沙堆就会出现坍塌，沙子出现滑落，持续的时间越长，沙堆越高，沙子的滑落现象越严重。这就是一个处于“临界状态”的系统——也就是说，从稳定状态到进入随机状态的临界点。一旦沙堆进入临界状态，增加的沙子就会产生不同程度的崩塌现象，此时，我们就可以认为，沙子滑落的规模符合幂律分布。

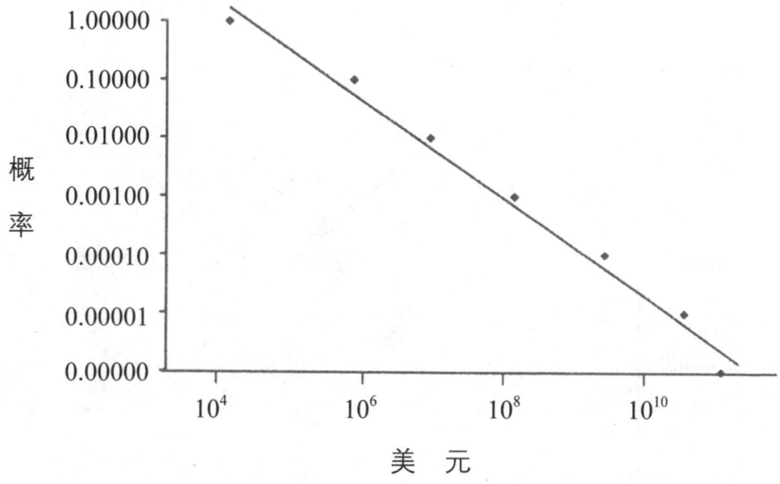


资料来源：阿克斯泰尔，《美国公司规模的齐普夫分布》(*Zipf distribution of US firm sizes*)。

图 29.2 美国公司的销售额和累计概率（1997 年）

在沙堆这个例子中，很多特征都可以让我们联想到社会系统。一方面，经济系统本身具有明显的自组织性。也就是说，大多数企业、城市和国家都是由众多个人相互作用的结果，而不是集中规划的产物。此外，经济系统也存在着自己的临界状态。在一个物理系统中，临界点是小规模变化向阶段性转换的变更点，例如，当气温降至零度以下的时候，液态的水就会凝结。当然，经济学家不可能对经济系统的临

界点作出如此清晰的定义，但有一点却是我们可以肯定的，任何人都不可能永远待在同一家公司（稳定状态），也不可能频繁地跳来跳去（随机状态）。阿克斯泰尔通过一个基于介质的模型（Agent-based Model）阐述了这些特征，并对企业和城市规模问题进行了解释。他的模型得到了和实证数据完全一致的结论。

## 幂律分布在股市的具体应用

认识和理解幂律分布，可以从诸多方面对投资者有所启发。首先，由于阿克斯泰尔的研究成果本身就是以企业规模为基础的，因此，它可以为我们研究企业规模提供一个契机。大量的实证证据已经表明，幂律分布的效力随时间的延续而增强，因此，尽管我们不知道哪家公司可能会破产，但是我们有足够的理由对未来的状态作出预测。只要对经济增长和通货膨胀作出合理估计，我们应该能对特定规模企业在市场所占的比例作出准确预测。

例如，我们可以预见到，超大规模的企业比例将是非常微小的（例如销售额大于2 000亿美元）。我们可以看一下大型企业的推算增长率，然后根据预期增长率判断它们当中将有多少会演化为超大规模企业。如果按照这个预测，预计成为超大规模企业的比例远远超过成为大规模企业的比例，我们就可以作出判断：可能需要对预期进行大幅度的反向修正。

投资者利用幂律分布的另一种方式是认识互联网的布局，作为自组织性网络的一个经典范例，互联网几乎已经成为幂律分布关系的载体——包括各站点之间的链接数量、每个网站的页面数量以及各网站的访问量，都符合幂律分布。通过幂律分布，我们可以看到，同样是大量应用网站的企业，其利润分布却是不均匀的。互联网的发展也许

可以对未来网络的组织提供一些参考。

幂律分布以令人称叹的精确度反映着社会、生物和物理体系。更重要的是，很多体现幂律分布规律的领域都与投资者的利益有着千丝万缕的关联。因此，正确认识和理解幂律分布，也许可以为投资者从诸多角度认识投资过程提供有益的启发。

第30章

# 投资中的金字塔

## *企业规模、增长率与估价*

增长的重要性在于，企业需要通过盈利性增长来创造股东价值。但大量证据都可以有力地指出，当企业的核心业务趋于成熟之后，要为企业创造继续增长的新平台，就必然要承受更多的风险。从总体上看，只有1/10的企业能在多年内维持超过市场平均收益率的增长速度……因此，大多数高层管理者只能无可奈何地面对毫无希望的局面：一方面，市场需要他们不断增长；另一方面，他们却根本不知道如何去实现增长。

——克莱顿·克里斯坦森（Clayton M. Christensen）

《投资者的解答》（*The innovator's solution*）作者

## 超大型企业“濒临绝种”

从表面上看，物种、城市和企业的规模与频率分布似乎并没有什么共同之处。但事实上，它们都服从幂律分布，在对数坐标系中，规模和频率之间的分布规律表现为一条直线。幂律分布告诉我们，规模和频率的对数成反比关系，也就是说，大规模事件是罕见的，而小规模事件却司空见惯。在自然界中，蚂蚁的数量不计其数（但蚂蚁的体重总和肯定不会超过人类的体重总和），但大象的数量则少之又少。同样，商业世界中存在很多小规模企业，而大型企业的数量相比之下就少得多了。图 30.1 说明了这三个系统的分布规律。

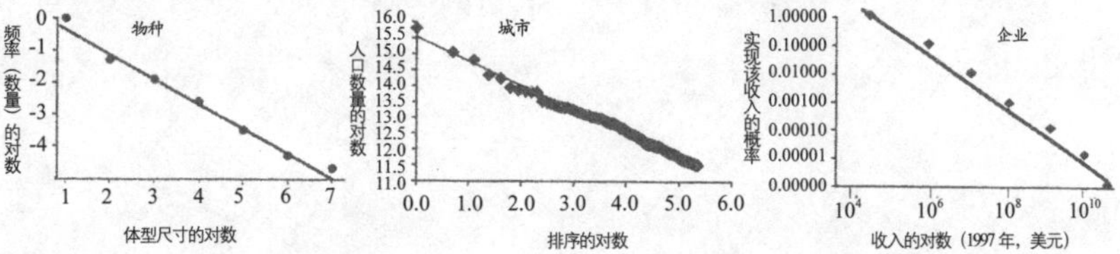


资料来源：帕伯罗等人（Pablo A. Marquet），《寿命、繁殖与生态》（*Lifespan, reproduction and ecology*）；查尔斯·范·马芮威耶克 (Charles van Marrewijk)，《国际贸易与世界经济》（*International Trade and the World Economy*），见 http：//www.few.eur.nl/few/people/vanmarrewijk/international/zipf.htm；阿克斯泰尔，《齐普夫分布》（*Zipf distribution*）。经作者同意改编。

图 30.1　物种、城市和企业的分布规律

我们不妨以物种为例。为什么老虎之类的大型猛兽相对较少，而白蚁之类的小型动物却随处可见呢？生态学家解释了这个问题：所有动物都有属于自己的栖身之处——小生境（Niche）[①]，它不仅体现在空间位置上，即使是在更广泛的物质存在意义上，所有生物也都有属于自己的一方天地。一个物种不仅需要在自己的家园里存活下去，还要和共同分享这片家园的其他动植物，还要学会与其他动物共存。

但小生境的概念仍然无法解释物种的分布规律。然而，牛津大学的查尔斯·埃尔顿（Charles Elton）却注意到，大型动物的生存依赖于小型动物的存在，而小型动物的生存却很少依赖于大型动物。由此，埃尔顿推断出，随着物种在体型上的增加，其数量应该有所减少。他把这种生物现象称之为“数量金字塔”（Pyramid of Numbers）。大型猛兽之所以罕见，是因为与小型动物相比，他们的食物来源相对较为稀少。物种的幂律分布是它们在自然规律制约下相互作用的必然产物。

那么，这和股票又有什么瓜葛呢？投资者之所以需要关注这些特殊的分布规律，主要基于以下三种原因。首先，企业和生物物种一样，都有一个属于自己的小生境。如果我们探讨一下这些小生境的现状以及它们的变化方式，也许就可以对企业的增长潜势略见一斑。

其次，大量的证据说明，大型企业在规模上的变异要小于小规模企业（尽管增长率的中值在整个总体中的分布非常稳定）。此外，大型企业的增长一般较为迟缓。因此，当投资者重新调整这些市场的市场预期时，往往会导致估价严重低于市场平均业绩。最后一点，投资者经常以过去的增长率推导未来的增长情况，因此，即便依然能保持增长态势，但由于未能达到最初的预期，仍然会导致股东收益无法令

① 小生境在生物学上指相似个体赖以生存、共同繁衍的环境。自然界的小生境为新物种的形成提供了可能，是生物界保持近乎无限多样性的根本原因之一。这一术语被引用到经济学中，称做“利基”。

投资者感到满意。考虑到这种预期上的偏差，如果投资者能认识到企业增长的真实模式，也许就不会产生这些不必要的烦恼了。

## 寻找利基市场

企业需要寻找符合自身条件的小生境，这并不是什么新鲜的概念。例如，在很多探讨竞争战略的文献中，尤其是博弈理论，这些战略的很多方面都在阐述企业应如何寻找有利可图的利基市场（Niches），以及其中的原因何在。在这个问题上，最核心的观念在于，随着技术的发展、规制的变化以及行业内新企业的进入和老企业的退出，环境以及由此而决定的利基市场也在随着时间的推移而变换。

想一下小作坊式的加工厂和综合钢铁公司，或是对比一下以互联网为基础的零售商和“砖块+砂浆”①传统企业，天壤之别不言自明。每出现一个新的市场空隙，就会有新的企业蜂拥而入。随着不断变化的环境随机而动，这种能力是企业发展的基本动力，而真正具有这种能力的企业在现实中却不常见。

对于特定的行业来说，也许根本就不存在最优化的企业规模，经营模式不同的企业根本不具有可比性，在这种情况下，比较它们的价值也就毫无意义了。

## 规模与增长的四个事实

通过研究企业规模的分布以及增长率水平，我们可以揭示出四个颠扑不破的事实：

① 砖块与砂浆是一种形象的说法，指传统的有固定营业场所的公司，区别于远程、在线服务。

**1. 企业规模的分布符合齐普夫定律（幂律分布的一种特殊形式）。**对于投资者来说，最重要的是要认识到，这种分布规律越是在重大经济变革时期，就越能显示出它的适宜性。也就是说，即便是在未来，大型企业与小型企业的比例也不太可能出现变动。

**2. 企业增长率的变动随着规模的增大而减小。**笔者通过分析发现，在大量的美国公共类企业（销售额不低于 1 亿美元）样本中，增长率中值较为稳定，而增长率变动却随着企业规模的增加而迅速衰减（见图 30.2）。

从规模上看，这样的结果是合情合理的——大型企业在 GDP 占有相当大的比例，因此，如果按照历史增长率推断未来的话，要达到这样的预期增长率几乎是不可能的。在 GDP 中，《财富》50 强占的份额超过 25%。但那些进入《财富》50 强的企业，往往经历过令人羡慕的强势增长，这无疑会让投资者对未来作出不合实际的预期。

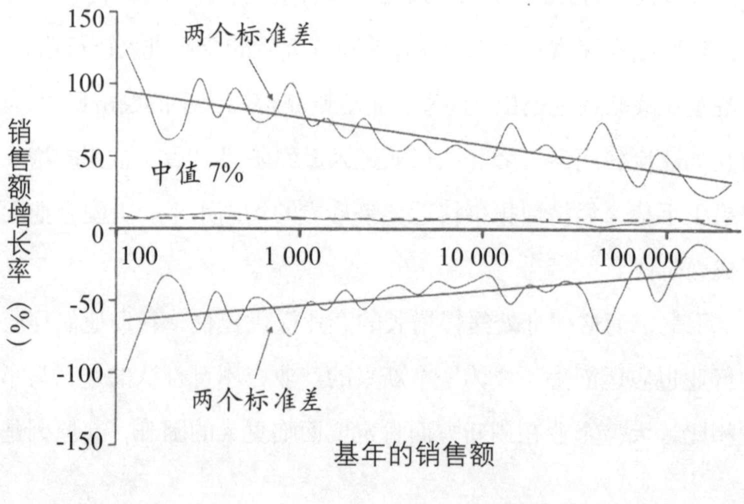


资料来源：FactSet，笔者分析。

图 30.2　销售额增长与基数的偏差不断缩减

这些实证结论与吉伯特法则[①]等随机性模型完全一致。吉伯特法则也被称作比例效应定律（Law of Proportionate Effect），它认为，一个企业的增长率完全独立于企业的规模。通过某些修正，我们就可以通过吉伯特法则从企业样本中得到齐普夫分布。但是，古典微观经济学却无法为我们提供令人满意的模型去解释这些观察结果。

3. **大型企业的增长率经常处于停滞状态。**企业战略委员会（Corporate Strategy Board-CSB）通过详细的研究得出这一结论。该研究认为，一旦企业的销售额达到一定的水平，其增长率就会停滞。在过去的10年中，达到停滞的销售额水平一直处于上升状态，但是在20世纪90年代末，该停滞水平一直保持在200亿～300亿美元。

图30.3显示了《财富》50强企业（按销售额排名）的年平均增长率。这些数据表明，企业在进入销售前50名之前，大多表现为高速增长，但一旦进入前50名之后，就会出现增长乏力的症状。而第一年度的高增长率则体现了并购对企业进入50强所产生的巨大的推动作用。

4. **大多数行业具有相同的生命周期。**开始的时候，一个行业往往会表现出高速增长的态势，并伴随有大量的企业进入该行业，然后，一些企业战略性地退出，而幸存企业则获得高水平的经济回报，之后，增长加速度将逐渐下降。在行业进入成熟阶段之后，企业的增长速度将趋于平稳，经济回报率接近竞争形成的均衡水平。大型企业大多处于成熟阶段。

于是，为这些身处缓慢增长的企业提供建议，帮助他们摆脱现状的行业也应运而生，成为一个新兴的产业。不可否认的是，与小型企业相比，大型企业在创新方面肯定要面临更大的困难，其原因是多种

---

① 吉伯特法则认为，企业规模增长的期望值在第一时间阶段都与企业的当前规模相匹配，即它认为企业的增长是一个随机过程，企业的增长率与企业的初始规模是相互独立的。

多样的。在这里，笔者强烈推荐克莱顿·克里斯坦森与迈克尔·雷纳（Michael E.Raynor）合著出版的《创新者的解答》（*The Innovator's Solution*）一书，这本书为管理者提供了一种实现创新的基本框架。但有一点是不容怀疑的：任何企业都不可能实现永久性的高速增长。

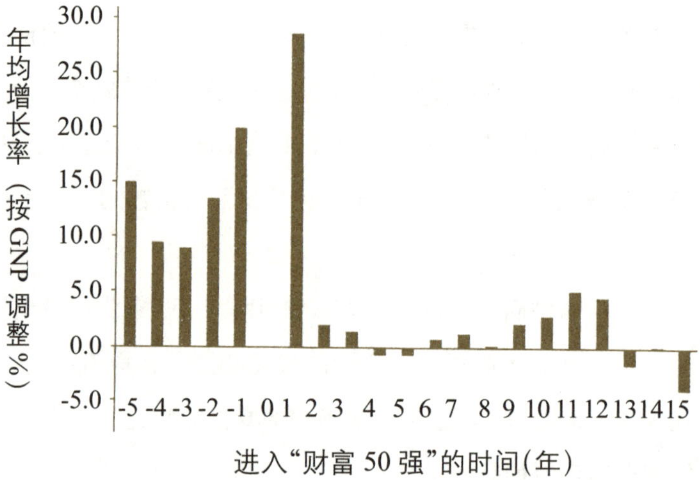


资料来源：经企业战略委员会同意摘自《停滞点》(*Stall Point*)，第 15 页。1998 AAAS，版权所有。

图 30.3 《财富》50 强企业的年均增长率

## 不是所有大象都会跳舞

通过对这些有关企业规模和增长率的证据进行分析，我们可以认识到，随着企业规模的扩大，投资者应适时降低对增长率的预期。但是在现实世界中，投资者却总是在用历史来推断未来，于是，在他们的思维中，永远也没有下降的增长率。路易斯·陈、贾森·卡斯基和约瑟夫·拉格尼沙克认为：

> 市场上的估价比率（市盈率）很难把未来的高增长企业

> 和低增长企业区分开来。相反，根据数据外推得到的假设，投资者自然会更加关注以往的增长率。于是，曾经辉煌的企业必然会有一个不错的估价，而以往增长率不高的企业，就只能受到投资者的低估价惩罚了。

企业战略委员会的数据也说明了这一点。通过对几十年数据进行的研究，他们发现，在达到停滞点的企业中，约 2/3 企业的股票市价（相对于道琼斯工业平均指数）在 10 年内的贬值幅度达到或超过了 50%。其中，95% 企业的估价市值低于道琼斯工业平均指数的幅度不少于 25%。

我也有一个同样简单的问题：在一个由最大 50 家公司股票构成的投资组合中，如果各股票在组合中的权重相同，且均为年底购入，那么，在 1 年、3 年和 5 年之后，和 S&P500 指数相比，这个组合的市场价值将会达到何种程度呢？

笔者对 1980 年到 2004 年期间的数据进行了分析，并发现：在每一持有期之内，S&P500 指数的收益率均高于由大盘股构成的投资组合（见图 30.4）。同样，对于那些在市场中占有较大比例的大型企业，要超过市场平均收益率将是非常困难的。

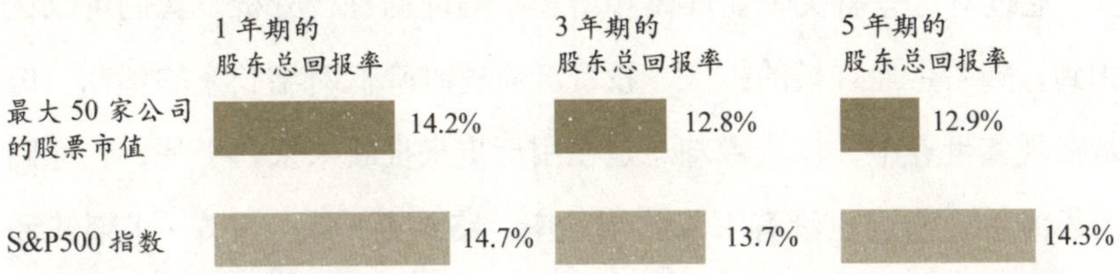


注解：截至 2004 年 12 月 31 日。
资料来源：FactSet，Ibbotson，及笔者分析。

图 30.4　股东总回报率：最大的 50 家公司和 S&P500 指数

看待市场预期的另一种途径是对资产形成的股东价值和未来投资带来的股东价值加以区分，分别计算出两者在收益中的份额。2005 年年底，在最大的 20 家美国公司中，超过 40% 的价值预计来自未来投资（见表 30.1）。

经济和市场注定是不以我们的意志为转移的。但是，在这些飘忽不定的诱惑中，我们却可以把握增长率与规模的分布规律。因此，作为有头脑的理性投资者，在对企业，尤其大型企业的增长率预期进行评价时，应该随时认识到这些规律的不可抗拒性。

表 30.1 最大的 20 家公司：现有资产带来的现金流现值和未来投资带来的现金流现值

| 公司股票代码 | 公司名称 | 股票市场价值(百万美元) | 资产带来的现金流现值 (%) | 未来投资带来的现金流现值 (%) |
|---|---|---|---|---|
| GE | 通用电气 | 364 532 | 53 | 47 |
| XOM | 埃克森美孚 | 351 254 | 80 | 20 |
| MSFT | 微软 | 288 373 | 41 | 59 |
| C | 花旗集团 | 241 465 | 58 | 42 |
| WMT | 沃尔玛 | 204 138 | 61 | 39 |
| JNJ | 强生 | 182 695 | 43 | 57 |
| BAC | 美洲银行 | 181 791 | 67 | 33 |
| AIG | 美国国际集团 | 174 363 | 58 | 42 |
| PFE | 辉瑞 | 163 698 | 59 | 41 |
| MO | 奥驰亚集团 | 154 601 | 59 | 41 |
| INTC | 英特尔 | 152 146 | 50 | 50 |
| BRK.A | 伯克希尔·哈撒韦 | 139 354 | 89 | 11 |
| JPM | JP 摩根大通 | 134 250 | 88 | 12 |
| PG | 宝洁 | 134 028 | 49 | 51 |
| IBM | IBM | 132 663 | 65 | 35 |

（续表）

| 公司股票代码 | 公司名称 | 股票市场价值(百万美元) | 资产带来的现金流现值（%） | 未来投资带来的现金流现值（%） |
|---|---|---|---|---|
| CVX | 雪佛隆 | 126 235 | 84 | 16 |
| CSCO | 思科 | 108 576 | 45 | 55 |
| GOOG | 谷歌 | 106 901 | 35 | 65 |
| WFC | 富国 | 103 185 | 53 | 47 |
| KO | 可口可乐 | 101 089 | 47 | 53 |
|  | 平均 | 177 267 | 59 | 41 |

注解：截至 2005 年 11 月。
资料来源：FactSet，HOLT。

# 结 语

More Than You Know

## 融会贯通理念的投资前景

从 1993 年开始，我就一直在哥伦比亚商学院教授一门名为“证券分析”的课程。你也许能猜到，这门课程的内容会涉及估价、财务报表分析以及竞争战略框架等基础性问题。但是，在每个学期的第一堂课上，我都会告诫自己的学生：这门课程提出的问题可能远比它能回答的问题多得多。

例如，我们不可能知道市场是怎样收集信息的，以及这种集成方式对股票价格有效性的影响，我们对风险概念的认识还不健全，我们只知道常用的风险衡量标准是错误的。大多数竞争战略模型也不会告诉我们，在变幻莫测的环境下，哪些战略有可能成功，哪些战略可能会带来失败。为了保险起见，我们还是先多认识一下自己的大脑吧。

如此之多没有答案的问题让我们对投资感到难以抗拒的兴奋，但也有着无法名状的抑郁。之所以让我们感到兴奋，是因为我们可以从中掌握更多的知识，更好地去预见未来；至于抑郁，是因为我们对投资几乎一无所知，即使是最聪明的投资者，也会在多彩多姿的投资世界里感到无所适从。

我坚信，各学科之间的融会贯通是我们进一步认识投资，不断深化投资理念的基本原则。对于物理学家、神经学家以及社会学家等其他投资相关领域的学者，金融学家们总是持有怀疑的态度，甚至嗤之以鼻。毫无疑问，缺乏对经济学领域的认知，肯定会让其他学科的学者相形见绌。但归根到底，只有通过跨学科的合作，我们才能更深刻地认识企业和市场，如果没有这种

合作，很多问题甚至会成为不解之谜。

我们对多学科的投资思维加以总结，以期进一步地认识投资，了解投资：

◆ **决策与神经科学**。贯穿本书，笔者似乎一直没有离开过丹尼尔·卡尼曼和阿莫斯·特沃斯基的前景理论，它告诉我们：人是如何通过系统化方式制定出偏离理论期望值的决策。前景理论催生了行为金融学的诞生，也促使我们关注经营及投资领域的认知误差和决策偏差问题。

尽管前景理论让我们在认识投资方面向前跃进了一大步，但它依然无法告诉我们，人为什么会做出这样那样的决策。今天，神经科学的进步可以让研究人员了解人脑在决策过程中的生理反应，经济学家科林·卡麦勒（Colin Camerer）更是把第一次踏入神经学领域的感受比做20世纪50年代电视机进入普通家庭带来的那种新奇与快乐：尽管图像也许有点模糊，人们还要竖起耳朵才能听清，但那种感觉却让人兴奋无比。当然，随着时间的推移，电视也在不断改进。

◆ **市场的统计学特性**。从描述到预测，这难道是市场的发展方向吗？在描述市场的时候，金融学家通常假设风险与收益之间呈现出此消彼长的互补关系。遗憾的是，现实却否认了这样一种简单的风险 - 收益关系。正如伯努瓦·曼德布罗特所说的，之所以无法解释，是因为我们还不了解。

20世纪60年初期，曼德布罗特的发现让金融界为之一振，而统计学的研究成果也揭示出，股票价格的变动并不表现为传统的钟形正态分布，而是服从幂律分布。人们在实践中早已认识到这一现实，并对他们的模型进行了修订——尽管只是凭借直觉，但毕竟和现实更近一步。虽然我们能对市场的统计特征做出合理的描述与分类，但是，如何揭示其中的因果关系却依然困难重重。

◆ **基于介质的模型**。大多数经济模型都不考虑个人差异，而是只是简单地假设：所有个体都是一致的。介质模型则认为个别介质的能力依赖于其生物基础，因而是有限的，而且不同介质的能力又是互有差异的。这些模型表明，个体差异是决定市场结果的重要因素，而市场反馈机制则是毫无规律的。例如，人们经常会依赖于他人的行为而制定决策。这些简单的模型也许可以

极大地完善我们对市场行为方式的认知，并最终做出理性的预期。

◆ **网络理论与信息流**。20 世纪 60 年代，六度分隔理论让斯坦利·米尔格朗为后人所牢记，该理论认为，在这个世界上，你和任何一个陌生人要成为熟人，中间所间隔的人不会超过六个，也就是说，最多通过六个人，你就能认识任何一个陌生人。但问题是，米尔格朗的研究一直被人们所质疑。几十年以来，尽管六度分隔理论备受关注，但却无法为实践所证实。

20 世纪 90 年代末，新一代的科学家开始采用更先进、更精确的工具去阐述这个问题，其中包括计算机。他们不仅有力地证明了六度分隔理论的正确性，而且揭示了网络结构的关键性特征。

毫无疑问，我们对网络理论的深入认识来自于跨学科的努力，在这个过程中，自然科学、生物学以及社会学之间的交流与合作显露无遗。网络研究把诸多领域融合为一体，包括流行病学、心理学、社会学、扩散理论以及竞争战略。网络理论很有可能会让我们对市场和产品的运行发展方式产生突飞猛进的认识。

◆ **增长率与规模分布**。在一个行业中，企业规模的分布规律存在着高度的非对称性：任何一个行业都是由极少数大规模企业和大多数小规模企业构成的。早在一个世纪之前，科学家就已经认识到这个分布模式，但却没有任何人能对此做出解释。

动物的体形和新陈代谢速度同样也是不对称的，两者之间的关系与企业规模的分布如出一辙。值得一提的是，科学家已经揭示出动物体形和新陈代谢速度之间的关系及其自然条件。把这些生物自然规律拓展到社会领域，也许可以为我们认识自己提供更广阔的前景。

◆ **是否存在思维的飞行模拟器呢？**飞行员进行飞行模拟训练的模拟器给我留下了非常深刻的印象。通过这些仪器，我们可以模拟出各种各样的情况，在安全的条件下为飞行员应对现实提供了一种重要的体验和反馈。

那么，我们能否为投资者设计一种具有同样目的的模拟器呢？对于投资而言，尤其是长期性的投资，投资者所面临的一个重要问题就是反馈。相关研究显示，在任何涉及概率的领域中，清晰一致的反馈都会让专业人士受益

无穷。对于天气预报或是赌马，我们可以得到精确及时的反馈，但投资者却无法得到这样的反馈。也许有一天，我们可以制造出一种模拟器，训练投资者如何做出更理性的决策。当然，最终的结果是不以我们的意志为转移的：任何人要战胜市场都不是轻而易举的。

在全世界，每天的商业交易额高达几万亿美元。尽管研究人员为认识市场投入了巨大的资源和精力，但仍然有很多东西是我们所无法了解的。本书的宗旨就是要告诉大家：要解答这些问题，需要我们融会贯通，兼收并蓄。

# 致 谢

More Than You Know

本书初稿是我在瑞士信贷（以前瑞士信贷第一波士顿）就职时创作的。在瑞士信贷第一波士顿的十几年职业生涯中，公司为我在专业能力方面的发展提供了很多千载难逢的机遇。作为本书的基础，《融会贯通的观察者》（*The Consilient Observer*）一文的发表在很大程度上归功于公司的豁达与支持。在这里，我尤其要感谢布兰迪·多根（Brady Dougan）、艾尔·杰克逊（Al Jackson）、特里·卡斯克雷（Terry Custley）、史蒂夫·科劳斯（Steve Kraus）和吉姆·克拉克（Jim Clark）。在此，我还要感谢瑞士信贷把这些稿件的版权授权给我。

《融会贯通的观察者》的初稿有两位署名人，一个是我，另一个人就是我的研究助理克里斯腾·巴索尔德森（Kristen Bartholdson），他在研究调查、编辑、数字处理以及图表等方面付出了巨大的努力。他还是一个出色的合作伙伴，有这样一个同事真是我的幸运。

我在雷格梅森资产管理公司（Legg Mason Capital Management）的研究助理丹·考拉汉（Dan Callahan），后来接替了克里斯腾的工作，他在本书的各个方面同样做出了不懈的努力。在材料更新、整理图表和草稿等方面，他都提出了很多非常有价值的建议，并负责与各方面沟通。他绝对是一个出类拔萃的同事，和他在一起工作同样是我的幸运。

我在莱格·迈森资产管理公司的同事都是数一数二的精英，他们对本书的创作给予了大力支持和合作。在此，我对他们表示真诚的感谢。

在专业方面，我尤其要感谢以下两个人。首先是阿尔佛雷德·拉帕伯特（Alfred Rappaport），我们共同创作了《预期投资》（*Expectations Investing*）一书。从他的身上，我学到了很多东西，他一直是我寻找灵感和支持的源泉。

另一个人是比尔·米勒（Bill Miller），能成为他的同事是我的荣幸。这些论文的很多思想都源于比尔的启发。把心智模式法写在纸上，去帮助自己的投资者是一回事，但是要使用这种方法去获取收益，就完全是另一回事了。然而比尔却同时做到了两点，他所获得的赞赏和钦佩绝对是众望所归。

为了帮助我，艾尔和比尔花费了大量宝贵时间，他们的无私与耐心令我感动。他们都是不可多得的楷模，我很庆幸自己有这样的伙伴。

可以说，这些论文是很多科研人员辛勤努力的结晶，尽管无法一一列举，但我还是要提到以下这些真正的大师：克莱顿·克里斯坦森（Clayton Christensen）、保罗·迪波德斯塔（Paul DePodesta）、诺曼·约翰逊（Norman Johnson）、吉姆·索罗维基 (Jim Surowiecki) 以及邓肯·沃特斯（Duncan Watts）。感谢他们慷慨地与我分享自己的思想和成就。此外，史蒂夫·维特（Steve Waite）的建议也让我受益匪浅。

我还要感谢我的出版人兼编辑，哥伦比亚大学出版社的迈尔斯·汤普森（Myles Thompson），正是有了他对这些想法的无限激情和坚定信念，才促使我完成本书。助理编辑安妮·扬（Ann Young）也在本书出版的各个方面做出了巨大贡献。迈克尔·哈斯凯尔（Michael Haskell）以其独到的见解让本书的语言更加顺畅，此外，他还为很多章节设计了新的标题。南希·芬克·胡纳尔加斯（Nancy Fink Huehnergarth）在初稿编撰中给了我很大帮助，她的参与让本书多了一分幽默。塞巴斯蒂安广告公司（Sebastian Agency）的劳里·哈珀（Laurie Harper）为本书提出了很多富有建设性的指导和意见。

此外，我还要感谢Sente公司的两位艺术天才，杰伊·斯迈瑟斯特（Jay Smethurst）和布赖恩·考夫曼（Bryan Coffman）。他们自始至终陪伴我走过这个融会贯通的创作道路。同样，瑞士信贷第一波士顿的玛丽安·托伊（Marian Toy）和安·芳克豪瑟尔（Ann Funkhouser）也是高效而又富有建设性思维的编者。我在瑞士信贷第一波士顿的行政助理梅利莎·雷托尔（Melissa Little）在图表编撰和发行等重要方面也做出了巨大贡献。

我的妻子米歇尔（Michelle）更是给予我关怀与支持的永久源泉。我的继母安德里·马洛尼·沙拉（Andrea Maloney Schara）绝对是一个了不起的

老太太，她甚至能向你解释系统理论和足球方面的东西！最后，我还要感谢我的孩子们：安德鲁（Andrew）、艾利克斯（Alex）、伊沙贝拉 (Isabelle) 和帕特里克 (Patrick)，正是他们才让我最早体验到多样化的存在。

# “iHappy书友会”会员申请表

姓　名（以身份证为准）：__________　性　别：__________

年　龄：__________　职　业：__________

手机号码：__________　E-mail：__________

邮寄地址：__________　邮政编码：__________

微信账号：__________（选填）

请严格按上述格式将相关信息发邮件至中资海派“iHappy书友会”会员服务部。

邮　箱：szmiss@126.com

微信联系方式：请扫描二维码或查找zzhpszpublishing关注“中资海派图书”

中资海派公众号　　中资海派淘宝店

<table>
<tr><td rowspan="9">优惠订购</td><td colspan="2">订阅人</td><td></td><td>部门</td><td></td><td>单位名称</td><td></td></tr>
<tr><td colspan="2">地址</td><td colspan="3"></td><td>邮编</td><td></td></tr>
<tr><td colspan="2">电话</td><td colspan="3"></td><td>传真</td><td></td></tr>
<tr><td colspan="2">电子邮箱</td><td colspan="2"></td><td>公司网址</td><td colspan="2"></td></tr>
<tr><td>订购书目</td><td colspan="6"></td></tr>
<tr><td rowspan="2">付款方式</td><td>邮局汇款</td><td colspan="5">深圳市中资海派文化传播有限公司<br>中国深圳银湖路中国脑库A栋四楼　邮编：518029</td></tr>
<tr><td>银行电汇或转账</td><td colspan="5">户　名：深圳市中资海派文化传播有限公司<br>开户行：工商银行深圳八卦岭支行<br>账　号：4000 0273 1920 0685 669<br>交通银行卡户名：桂林　卡　号：622260 1310006 765820</td></tr>
<tr><td>附注</td><td colspan="6">1. 请将订阅单连同汇款单影印件传真或邮寄，以凭办理。<br>2. 订阅单请用正楷填写清楚，以便以最快方式送达。<br>3. 咨询热线：0755-25970306 转 158、168　传　真：0755-25970309 转 825<br>E-mail: szmiss@126.com</td></tr>
</table>

→利用本订购单订购一律享受九折特价优惠。

→团购[illegible]0本以上享受八五折优惠。